उपयोगी वस्तुओं के आविष्कार

उपयोगी वस्तुओं के आविष्कार

लक्ष्मण प्रसाद

विनोद कुमार मिश्र

प्रतिभा प्रतिष्ठान, नई दिल्ली

प्रकाशक : प्रतिभा प्रतिष्ठान,
694-बी (निकट अजय मार्केट), चावड़ी बाजार, दिल्ली-110006
 / संस्करण : 2025 / मूल्य : पाँच सौ रुपए
मुद्रक : नरुला प्रिंटर्स, दिल्ली ISBN 978-93-86001-63-4

UPYOGI VASTUON KE AAVISHKAR
by Shri Laxman Prasad & Shri Vinod Kumar Mishra ₹ 500.00
Published by **PRATIBHA PRATISHTHAN**
694-B (Near Ajay Market), Chawri Bazar, Delhi-110006

प्रख्यात वैज्ञानिक
डॉ. आर. ए. माशेलकर
को
सादर समर्पित

आत्मकथन

कल्पना कीजिए कि हमारे पास साबुन न होता, शौचालय का फ्लश न होता, कपड़े न होते, बिजली न होती, थर्मामीटर न होता तो हमें कितनी कठिनाइयों का सामना करना पड़ता।

हम अपने दैनिक जीवन में अनेक छोटी-बड़ी चीजों का उपयोग करते हैं। देखने में इन अत्यंत साधारण वस्तुओं के पीछे अनेक आविष्कारकों का परिश्रम छिपा है, जिन्होंने पिछले सैकड़ों-हजारों वर्षों में इन्हें तैयार किया और हमारे उपयोग लायक बनाया।

सचमुच, ये आविष्कारक भी उतनी ही श्रद्धा और आदर के पात्र हैं जितनी हम जाने-माने आविष्कारकों के प्रति व्यक्त करते हैं। आविष्कारों की यह प्रक्रिया हजारों साल से चल रही है और भविष्य में भी चलती ही रहेगी। आज जो चीज असंभव या सपना दिखाई देती है, कल वही आम उपयोग की वस्तु बन जाएगी।

दरअसल वही आविष्कारक महान् है, जो दुनिया को ऐसी उपलब्धि दे, जिसका प्रयोग लोग आसानी से कर सकें और वह आम आदमी को भी उपलब्ध हो सके। आज बहुत सी चीजें ऐसी हैं, जिन्हें और भी आसान व सस्ता बनाया जा सकता है। अतः आवश्यकता इस बात की है कि हम ऐसे आविष्कारकों से प्रेरणा लेकर आम जरूरत की चीजों का विकास करने की कोशिश करें।

प्रस्तुत पुस्तक की रचना के दौरान हमने अनेक पुस्तकों व प्रामाणिक स्रोतों से सामग्री जुटाई है। तथ्यों को हू-ब-हू प्रस्तुत करने की पूरी कोशिश की गई है, पर फिर भी यदि किसी प्रकार की कोई त्रुटि रह गई हो तो पाठक इसकी सूचना हमें अवश्य दें। त्रुटि का संशोधन अगले संस्करण में अवश्य कर लिया जाएगा।

पुस्तक-रचना के दौरान हमारे मित्रों व परिजनों ने हमें हर प्रकार का सहयोग दिया। विशेष रूप से श्रीमती उमा प्रसाद, श्रीमती वीना मिश्र, श्रीमती अमिता

अग्रवाल, वरुण मिश्र, विशाल मिश्र ने अनुकूल वातावरण बनाए रखने में सार्थक योगदान किया। हम दोनों इसके लिए उन सभी के आभारी हैं। पुस्तक की पांडुलिपि की खूबसूरत कंपोजिंग करने में श्री यशपाल सिंह तेवतिया का योगदान भी सराहनीय है।

आशा है, यह पुस्तक पाठकों को पसंद आएगी और उनके बुद्धि-विकास तथा ज्ञान-कोष को बढ़ाने में उपयोगी साबित होगी।

—लक्ष्मण प्रसाद

—विनोद कुमार मिश्र

विषय-सूची

आविष्कार : कब और कैसे

यदि हम अपने घर की एक-एक चीज को ध्यान से देखेंगे तो पाएँगे कि हर वस्तु को तैयार करने और उसका विकास करने में एक या एक से अधिक व्यक्तियों ने अथक परिश्रम किया होगा।

कहते हैं कि आवश्यकता आविष्कार की जननी है। मनुष्य जब किसी चीज की आवश्यकता महसूस करता है तो उसे पाने या तैयार करने के लिए प्रयास करता है। वह अपने जीवन को और सुविधापूर्ण बनाने के लिए प्रयास करता है।

उपयोगी आविष्कार लोकप्रिय हो जाते हैं और अनुपयोगी आविष्कार समय के साथ खत्म हो जाते हैं। आम तौर पर आविष्कार करने की प्रक्रिया एक कठिन और दर्द भरी प्रक्रिया है, पर कई बार आविष्कार अनायास ही हो जाते हैं। कई बार व्यक्ति किसी और चीज के आविष्कार का प्रयास करता है और उससे कोई और चीज आविष्कृत हो जाती है। कई बार किसी चीज का आविष्कार उस चीज के बारे में ज्यादा जानने या उसमें और सुधार लाने के लिए प्रेरित करता है। इस प्रकार आविष्कारों की यह प्रक्रिया चलती रहती है।

आविष्कार और खोज में अंतर

जो चीज प्राकृतिक रूप से मौजूद है, मगर उसके बारे में मनुष्य को ज्ञान नहीं है, तो उसके बारे में जानकारी हासिल करना 'खोज' है। जैसे गुरुत्वाकर्षण बल प्रकृति में पहले से विद्यमान रहा है, पर इसके बारे में जानकारी नहीं थी। बारहवीं सदी में भारत के भास्कराचार्य तथा सत्रहवीं सदी में इंग्लैंड के आइजक न्यूटन ने इसकी अलग-अलग खोज की।

दूसरी ओर थॉमस अल्वा एडीसन ने बिजली का बल्ब तैयार किया। यह

आविष्कार है। जेम्स वाट ने भाप का इंजन तैयार किया, यह भी आविष्कार है।

हमारे घर-बाहर, दफ्तर, कारखाने आदि आविष्कारों से भरे पड़े हैं। वाल्टर हंट ने सेफ्टी पिन का, थॉमस अल्वा एडीसन ने फोनोग्राफ का तथा अर्नेस्ट स्वाइंटन ने टैंक का आविष्कार किया।

प्रारंभ में ज्यादातर आविष्कार उसके आविष्कारक द्वारा अकेले ही किए जाते थे। कई लोग अलग-अलग काम करके एक ही चीज तैयार कर डालते थे। कुछ लोग मिलकर आविष्कार करने में सफल हुए। राइट बंधुओं ने मिलकर हवाई जहाज तैयार किया।

आविष्कार या खोज पहले हो जाती थी और उसके पीछे छिपे सिद्धांत या गणित बाद में तैयार किया जाता था। अब सिद्धांत अकसर पहले तैयार किया जाता है और उसपर आधारित आविष्कार बाद में तैयार हो पाता है।

प्राचीनतम आविष्कार

मनुष्य का पहला आविष्कार अग्नि पर नियंत्रण था। पहले पत्थर रगड़कर और फिर लकड़ी रगड़कर आग जलाई जाने लगी।

मनुष्य ने अपनी जरूरत के अनुसार पहले पत्थरों के और फिर लकड़ी के उपकरण बनाए। बाद में जब उसे पता चला कि अग्नि में इतनी शक्ति है कि वह लोहे, ताँबे आदि को भी पिघला सकती है तो धातु के उपकरण बनाए जाने लगे।

धीरे-धीरे चमड़े के झोले, बरतन आदि बनाए जाने लगे। मनुष्य को जब लेन-देन की आवश्यकता पड़ी तो पहले सांकेतिक मुद्रा, जैसे—नमक, बरतन, मोती और बाद में धातु की मुद्रा तैयार की गई।

जब आबादी बढ़ी और साथ ही सामग्री बढ़ी तो आने-जाने तथा माल ढोने की आवश्यकता पड़ी। मनुष्य ने पशुओं पर नियंत्रण किया। घोड़ों, बैलों पर सवारी भी होने लगी और माल भी ढोया जाने लगा। घोड़े की जीन तैयार की गई। तब उसपर सवारी करना और आसान हो गया।

लगभग 3500 ईसा पूर्व में मनुष्य ने देखा कि गोल चीज आसानी से लुढ़कती है। तब मनुष्य ने इसका लाभ उठाकर बैलगाड़ी तैयार कर डाली। इससे माल ढोना, परिवार सहित एक जगह से दूसरी जगह जाना आसान हो गया। बाद में पहिए में धुरी भी लगा दी गई। अब धुरी स्थिर रहती थी और पहिया घूमता था।

पहिए ने मनुष्य के जीवन को और अधिक सुविधाजनक बना दिया। पहिए की

सहायता से नदियों और कुओं से पानी खींचना आसान हो गया। सिंचाई की व्यवस्था में सुधार हो गया।

लिखना-पढ़ना

अब तक मनुष्य का ज्ञान काफी बढ़ चुका था। वह उसे दर्ज भी करना चाहता था तथा दूसरों को बताना भी चाहता था। इसके लिए उसे लिपि की आवश्यकता पड़ी। भारत में पहले ब्राह्मी लिपि और फिर देवनागरी लिपि का विकास हुआ। उधर सुमेर सभ्यता में भी लिपि का विकास हुआ। विश्व के अनेक भागों में पहले चित्र आधारित लिपियाँ विकसित हुईं। 'गाय' लिखने के लिए गाय का चित्र बनाया जाता था। आज भी चीनी भाषा काफी हद तक इसी सिद्धांत पर आधारित है।

ग्रीक और लैटिन भाषा का विकास हुआ। कालांतर में इन्होंने अंग्रेजी का रूप धारण किया। इधर भारत, चीन, इराक (सुमेर), अरब आदि में संख्याओं का विकास हुआ। भारत ने दशमलव पद्धति, शून्य आदि का विकास किया।

पहले लोग पेड़ की छाल, ताड़पत्र, भोजपत्र, जानवरों की खाल आदि पर लिखा करते थे। 105 ईसवी में चीन की त्साई लुन ने कागज का आविष्कार किया। पहले पुरानी चीजों से कागज बनाया जाता था, बाद में लकड़ी की लुगदी से बनाया जाने लगा।

पहले घर और फिर शहर

काफी समय तक गुफाओं में रहने के बाद मनुष्य ने पहले लकड़ी और वनस्पतियों का प्रयोग करके झोंपड़े तैयार किए। मोहनजोदड़ो और हड़प्पा काल में नगर बसने लगे। उधर मिस्र व यूनान में भी शहर बसने लगे। रोमवासियों ने रोम बसाया। भारत में भी पाटलिपुत्र आदि शहर बसाए गए। गृह-निर्माण में खंभे आदि बनाने की कला विकसित हुई। पानी की निकासी के लिए नाले-नालियाँ बनीं और नदियों-नालों पर पुल बनाने की कला भी विकसित हुई।

पश्चिम में यूनानी वैज्ञानिक आर्कमिडीज ने तैरने का सिद्धांत विकसित किया। उसने लीवर और घिरनियों का भी सिद्धांत विकसित किया तथा उनकी सहायता से बड़े-बड़े जहाज तक खींच लिये। उसने युद्ध-सामग्री भी विकसित की तथा साथ में पतली नालियों से पानी खींचने के लिए उसने स्क्रू भी तैयार किया।

एलेक्जेंड्रिया के एक वैज्ञानिक हीरोन ने भाप के इंजन का प्रयोग करने का प्रयास किया। तरल पदार्थों का घनत्व नापने के लिए हाइड्रोमीटर भी तैयार किया

गया। इधर भारत में चिकित्सा-ज्ञान विकसित हुआ। आचार्य चरक ने चिकित्साशास्त्र और आचार्य सुश्रुत ने शल्य चिकित्साशास्त्र का ज्ञान दुनिया को दिया। पश्चिम में, रोम में शल्य चिकित्साशास्त्री ऑपरेशन करने लगे।

यातायात

इधर भारतीयों ने घोड़े की जीन आदि तैयार कर ली और तब जमीनी रास्ते से उनका आवागमन सरल हो गया। उधर बैलों की सहायता से खेती-बाड़ी, माल ढोना आसान हो चुका था। घोड़ों के पैरों में नाल लगाई जाने लगी। इससे उनकी कार्य-क्षमता और बढ़ गई। अब अनाज, मछली, कपड़े, रेशम आदि चीजें दूर-दूर के स्थानों में ले जाई जाने लगीं।

इसके अलावा जलयात्रा भी सुगम हो गई। नील नदी के किनारे रहनेवाले लोग जलमार्ग को ज्यादा सुरक्षित समझते थे। कुल मिलाकर सड़क द्वारा यातायात ज्यादा होता था। नावें भी तैयार की गईं और जहाज भी। समुद्री हवा का उपयोग करते हुए नाव चलाने की कला विकसित कर ली गई। अब पालदार नौकाएँ सागर पर चलने लगी थीं।

सम्राट् अशोक के शासनकाल में और बाद में भी बौद्ध भिक्षु जलयानों द्वारा विभिन्न देशों में गए और बौद्ध धर्म का प्रचार-प्रसार किया। अरब व्यापारी एक जगह से दूसरी जगह जाने लगे। अब उन्हें दिशा-ज्ञान की समस्या महसूस होने लगी। पहले नाविकगण तारों की दिशा से दिशा-ज्ञान करते थे, अब समुद्र-यात्रा के लिए लोगों ने विभिन्न सारणियाँ, नक्शे आदि तैयार करना प्रारंभ कर दिया। बाद में लोगों ने कंपास तैयार किया और उसके चुंबक द्वारा इंगित उत्तरी दिशा को ध्यान में रखते हुए आगे बढ़ते चले जाते थे। इंग्लैंड के जॉन हेडली तथा अमेरिका के थॉमस गॉडफ्रे ने सेक्सेंट तैयार किया। इससे सूर्य के साथ जगह के कोण का पता चलने लगा।

युद्ध के लिए हथियार

तकनीकी विकास के साथ लड़ाई हेतु हथियारों का भी विकास हुआ। तलवार-ढाल, भाले, तीर-कमान आदि बनाए गए। युद्ध के लिए रथ भी बने और यूनान में कैटापुल्ट आदि अस्त्र भी बने, जिनकी सहायता से भारी-भारी पत्थर शत्रु-सेनाओं पर फेंके जा सकते थे।

मानव साधारण अस्त्र-शस्त्रों से संतुष्ट नहीं था। वह शत्रु को हर प्रकार से तबाह कर देना चाहता था। नौवीं सदी में चीनियों ने सल्फर, चारकोल, पोटैशियम

नाइट्रेट आदि को मिलाकर बारूद बना ली। पहले बारूद का उपयोग आतिशबाजी और रॉकेटों में किया गया, पर बाद में इसने युद्ध का स्वरूप ही बदल डाला। पहले पत्थर के गोले बारूद के साथ फेंके जाते थे; बाद में लोहे के गोले फेंके जाने लगे।

अब तोपों का निर्माण होने लगा। ये तोपें किले की दीवारों को चटखा देती थीं। धीरे-धीरे तोपों का छोटा रूप, अर्थात् बंदूक भी तैयार होने लगी। जानलेवा तोपें अब समुद्री जहाजों में भी लगने लगीं। इसके साथ ही समुद्री युद्ध का स्वरूप भी बदल गया। अब तोप से वार करके जहाज को डुबोया जाने लगा।

तोपों से लैस जलयानों की सहायता से स्पेन और पुर्तगाल के लोग विदेशी धरती पर कब्जा करने लगे। बारूद ने रसायनशास्त्र को आगे बढ़ाने में भी योगदान किया। बारूद की शक्ति बढ़ाने के प्रयास तेज होने लगे।

इधर भारत में विज्ञान अवनति की ओर बढ़ रहा था और विदेशी आक्रमणकारी देश को रौंद रहे थे, वहीं पश्चिम में पंद्रहवीं सदी में एक अद्‌भुत व्यक्ति ने जन्म लिया, जो आगे चलकर महान् वैज्ञानिक और विचारक बना। उसने न सिर्फ नई चीजों का निर्माण किया वरन् नई-नई चीजों की कल्पना करके उन्हें अपने दस्तावेजों में दर्ज किया। उसकी दर्ज करने की कला भी अनोखी थी। उसके दस्तावेजों को शीशे के सामने रखकर ही पढ़ा जा सकता है। पंद्रहवीं सदी में उसने डाइविंग सूट, जो गोताखोरी के लिए इस्तेमाल होता है, के अलावा अनोखा तोप का गोला, अलार्म घड़ी, पनडुब्बी, टैंक, हेलीकॉप्टर, खदानों से पानी निकालने के लिए पंप, नहर खोदने की मशीन आदि की भी कल्पना कर डाली और उनका विवरण, चित्र आदि दर्ज कर दिए। लियोनार्डो द विंची नामक इस वैज्ञानिक के सात हजार पृष्ठों के दस्तावेजों से जो ज्ञान मिला, उसपर सदियों तक वैज्ञानिक काम करते रहे, तब जाकर ये चीजें साकार हो पाईं।

अब ज्यादा-से-ज्यादा देखने और दूर-दूर तक देखने की कल्पना मनुष्य के मन में जागने लगी। अरबों ने शीशों को घिसने की कला विकसित कर ली थी। 1350 ईसवी तक इटली में लोग चश्मा पहनने लगे थे। 1600 ईसवी के आस-पास एक घटना घटी। हैंस लिपरसे नामक लेंस घिसनेवाला एक दिन खिड़की के पास खड़ा था और उसके हाथ में दो लेंस थे। उसने एक के पीछे दूसरा लेंस रखकर बाहर का नजारा देखना चाहा तो उसे दूर की चीजें पास दिखाई देने लगीं।

उस नवयुवक ने सन् 1608 में पहली दूरबीन तैयार कर दी। प्रख्यात वैज्ञानिक गैलीलियो ने उसके एक साल बाद जो दूरबीन बनाई, उससे आकाश में चाँद-सितारों को देखना भी संभव हो गया।

इसी तरह हॉलैंड के एक चश्मा-निर्माता जकारियास जॉनसेन ने सन् 1590 में विश्व का पहला सूक्ष्मदर्शी, अर्थात् माइक्रोस्कोप बनाया। लगभग एक शताब्दी बाद हॉलैंड के ही हैबर डैशर नामक व्यक्ति ने जो सूक्ष्मदर्शी बनाया, वह चीजों को दो सौ गुना विशाल दिखाने लगा। उस सूक्ष्मदर्शी से पानी के जीवाणु और अन्य सूक्ष्म तत्त्व देखना संभव हो गया। इससे रक्त सेल व बैक्टीरिया आदि को देखना भी संभव हो गया; पर उस समय इसका उपयोग नहीं समझा गया। दो सौ साल बाद फ्रांसीसी वैज्ञानिक लुई पाश्चर ने इसका प्रयोग करके बीमारियों का मुकाबला करना प्रारंभ किया।

समय की गणना

समय की गणना प्रारंभ से ही मनुष्य की प्राथमिकता रही है। प्रारंभ में सूर्य से पड़नेवाली छाया से और बाद में मोमबत्ती के जलने से समय की गणना की जाती थी। जितनी ऊँचाई तक मोमबत्ती जल जाती थी, उतना ही समय आँका जाता था। इसके बाद पानी की घड़ी आई। पानी के गिरने की रफ्तार से समय का आकलन किया जाने लगा। उसके बाद रेतघड़ी प्रचलन में आई।

सन् 1335 में यांत्रिक घड़ी इटली के विस्कोंटी पैलेस की मीनार पर लगाई गई। गैलीलियो ने पेंडुलम का इस्तेमाल करके पेंडुलम घड़ी बनाने का प्रयास किया, पर इसे अंतिम रूप दिया हॉलैंड के वैज्ञानिक क्रिश्चियेन हाइजन ने।

इसी प्रकार समुद्र-यात्रा के लिए भी सही समय की गणना की आवश्यकता पड़ती थी। इसके लिए सन् 1764 में जॉन हैरीसन ने क्रोनोमीटर तैयार किया। यह सेकेंड के दसवें भाग तक सही समय की गणना करता था। इससे जहाज की सही स्थिति का पता चलता था।

पवनशक्ति और पनशक्ति

आज हम पर्यावरण को प्रदूषण से बचाने के लिए पवनशक्ति और पनशक्ति का विकास करने में जुटे हैं। किसी जमाने में ये ऊर्जा के प्रमुख स्रोत थे। सन् 1086 में इंग्लैंड में पनशक्ति से चलनेवाली पाँच हजार आटा चक्कियाँ थीं। अनेक ऐसी मिलें थीं, जो ताँबे के पतले तार बना देती थीं। पानी से चलनेवाली चक्कियाँ अनेक प्रकार के काम करने में सक्षम थीं।

पवनशक्ति से चलनेवाली मिल का आविष्कार फारस में हुआ था। दसवीं सदी में चीन, भारत सहित अनेक एशियाई देशों में पवनशक्ति का उपयोग गेहूँ पीसने से

लेकर खेतों की सिंचाई तक में होता था।

सन् 1150 में यह तकनीक यूरोप पहुँची, जहाँ इसका उपयोग लोगों ने कपड़े धोने, लकड़ी काटने, गेहूँ पीसने आदि कार्यों में किया। बाद में इसका उपयोग कपड़ा बुनने में भी होने लगा। भाप का इंजन तैयार होने से पूर्व पवनशक्ति और पनशक्ति ऊर्जा के प्रमुख स्रोत थे।

औद्योगिक क्रांति से पूर्व की प्रमुख घटनाओं में छपाई का पुनः आविष्कार भी था। हालाँकि चीनवासी बहुत पहले से छपाई कर रहे थे, मगर यूरोप में जर्मन आविष्कारक जोहान गुटेनबर्ग ने फिर छपाई की प्रक्रिया विकसित कर डाली और अल्प समय में 'बाइबल' की तमाम प्रतियाँ छाप डालीं। काफी सुंदर ये प्रतियाँ आज 550 वर्ष बाद भी सुरक्षित हैं।

गैलीलियो ने थर्मामीटर को विकसित किया। सन् 1724 में गैब्रियल डेनियल फॉरेनहाइट ने पारे के थर्मामीटर का आविष्कार कर दिया। गैलीलियो के एक शिष्य टोरीसेली ने बैरोमीटर का आविष्कार किया, जिसमें एक शीशे के ट्यूब में पारा भरा होता है।

सन् 1642 में ब्लेज पास्कल नामक फ्रांसीसी गणितज्ञ ने गणना करने की मशीन बनाई, जिससे हिसाब जोड़ना संभव हो गया। ऑटो वान गुईरिके ने वैक्यूम तैयार करने के लिए एयर पंप तैयार किया। उसने उसकी सहायता से ताँबे के दो अधगोलों को जोड़कर उसके बीच की हवा निकाल दी। इसके बाद गोले के दोनों ओर कई घोड़े जोते गए। उन्हें खींचकर उन्होंने उन अधगोलों को अलग करने का प्रयास किया, पर वह अलग नहीं हो पाया। इससे हवा के दबाव का आकलन किया गया।

औद्योगिक क्रांति

औद्योगिक क्रांति ने आविष्कारों की गति को बेतहाशा बढ़ा दिया। नए-नए आविष्कारों से नए-नए उद्योग लगे तथा उद्योगपतियों ने आविष्कारकों को धन व अन्य प्रकार से सहायता देना प्रारंभ कर दिया।

पहले मशीनरी के निर्माण में लकड़ी का प्रयोग ज्यादा होता था, पर लकड़ी जल्दी गल जाती थी। अब लोगों ने लोहे का प्रयोग प्रारंभ कर दिया। लोहे के निर्माण के लिए पहले ईंधन के रूप में लकड़ी का प्रयोग होता था, पर अब यह कम पड़ने लगी और इसकी जगह कोयले का प्रयोग ज्यादा होने लगा।

कोयले की खदानों से पानी निकालना एक बहुत बड़ी समस्या थी। मजदूरों

के जरिए पानी निकालना असंभव-सा हो जाता था। तभी सन् 1698 में लंदन के थॉमस सेवरी नामक वैज्ञानिक ने भाप के इंजन से चलनेवाला पहला पंप तैयार किया और इसे खदानों में काम करनेवाले लोगों का मित्र बताया।

सन् 1712 में इंग्लैंड के ही थॉमस न्यूकोनमैन ने बेहतर पंप तैयार किया। यह पंप पानी तो निकालता था, मगर इसमें कोयले की खपत ज्यादा थी। बाद में जेम्स वाट ने जो इंजन बनाया, वह ज्यादा प्रभावी था। इससे न सिर्फ खदानों से पानी निकालना संभव था, वरन् मशीनें चलाना भी आसान हो गया।

कोयले की खानों व अन्य खानों में लालटेन आदि की रोशनी पर्याप्त न होने के कारण घुप्प अँधेरे में देखना भी एक बड़ी समस्या थी। उन लालटेनों के कारण कुछ गैसें उससे जलकर विस्फोट का कारण भी बन जाती थीं। सर हंफ्री डेवी नामक आविष्कारक ने एक सेफ्टी लैंप तैयार किया। इसके बाद विस्फोटों की संख्या में भारी कमी आ गई।

बाद में जेम्स वाट ने नया इंजन तैयार किया, जो एक जैसी गति से चलता था। सन् 1801 में रिचर्ड त्रिवेथिक नामक वैज्ञानिक ने भाप से चलनेवाली पहली गाड़ी तैयार की। इसे कोयला खानों में प्रयोग किया गया। इसके साथ ही भाप के इंजन से वाहन चलाने की परंपरा प्रारंभ हुई और जॉर्ज स्टीफेंसन ने लोहे की पटरियों पर भाप के इंजन की सहायता से रेलगाड़ी चला दी। उनका रॉकेट इंजन सवारियों और माल—दोनों को ढोने में सक्षम था।

सन् 1707 में डेनिस पेपिन ने भाप का इंजन लगाकर नाव चलाई, मगर हाथ के चप्पू से नाव चलानेवालों ने वह नाव तोड़ दी। उधर अमेरिका में रॉबर्ट फुल्टन ने भाप के इंजन से चलनेवाली नावों में लोगों को सैर कराना प्रारंभ कर दिया।

भाप के इंजन ने कपड़ा उद्योग पर भी अपना प्रभाव डाला। कुटीर उद्योग में चलनेवाला कपड़ा उद्योग अब बड़ा व्यवसाय बन गया। लोहे को पिघलाना और उसे नई-नई शक्ल देना अब आसान हो गया था। अब मशीनों का निर्माण और भी सरल हो गया।

हालाँकि विद्युत् शक्ति की जानकारी प्राचीन काल से ही लोगों को थी, मगर उसके उपयोग के बारे में जानकारी नहीं थी। बेंजामिन फ्रैंकलिन ने पहले-पहल जानकारी दी कि हर प्रकार की बिजली एक जैसी होती है। इटली के ही भौतिकशास्त्री वोल्टा ने बैटरी का आविष्कार किया। इसमें विद्युत् शक्ति स्टोर की जा सकती थी।

सन् 1821 में माइकल फैराडे नामक अंग्रेज वैज्ञानिक ने विद्युत् कॉयल के

अंदर चुंबक डालकर विद्युत् धारा उत्पन्न कर दी। इससे विद्युत् निर्माण का रास्ता खुल गया। थॉमस अल्वा एडीसन ने विद्युत् बल्ब बनाकर दुनिया को जगमगा दिया। ऊर्जा के प्रमुख साधनों में विद्युत् शक्ति भी शामिल हो गई।

बीसवीं सदी में हर चीज का व्यावसायिक उत्पादन बड़े पैमाने पर प्रारंभ हो गया। हेनरी फोर्ड ने सन् 1908 में डेट्रॉयट स्थित अपनी कंपनी में कारों का उत्पादन बड़े पैमाने पर किया और इसके साथ ही हर उद्योग में नई-नई उत्पादन-विधियों का विकास प्रारंभ हो गया।

उत्पादन प्रक्रिया को स्वचालित बनाने के प्रयास भी प्रारंभ हो गए। आसमान में उड़ने की मानव-इच्छा राइट बंधुओं ने पूरी कर दी। बाद में जेट इंजनों ने उड़ने की गति बढ़ा दी। सन् 1953 में सवारी ढोनेवाली हेलीकॉप्टर-सेवा भी प्रारंभ हो गई।

रॉबर्ट गोडार्ड ने पहला रॉकेट सन् 1926 में छोड़कर अंतरिक्ष यात्रा का मार्ग प्रशस्त कर दिया। सन् 1957 में पहला रूसी अंतरिक्ष यान अंतरिक्ष में पहुँचा। उसके दो साल बाद ही पहला अंतरिक्ष यात्री यूरी गैगरिन अंतरिक्ष में पहुँच गया। सन् 1969 में अमेरिकी वैज्ञानिक नील आर्मस्ट्रांग ने पहले-पहल चंद्रमा की धरती पर पैर रखा।

दूसरी ओर संचार-व्यवस्था में क्रांतिकारी परिवर्तन आ गया। पहले मोर्स के टेलीग्राफ, ग्राहम बेल के टेलीफोन और मारकोनी के रेडियो ने संचार क्रांति का सूत्रपात किया और उसके बाद टेलीविजन, इंटरनेट आदि ने दुनिया के दो देशों के बीच की दूरी को कम कर दिया। आज दूसरे ग्रहों की तसवीरें भी पलक झपकते सामने आ जाती हैं।

कंप्यूटर एक ऐसा आविष्कार है, जिसका विकास सदियों में और कई आविष्कारकों द्वारा किया गया, पर इसने हर क्षेत्र में प्रभाव डाला। आज यह टाइपराइटर के रूप में भी काम आता है और कठिन गणनाएँ भी कर लेता है। उद्योग संचालन, संचार-प्रणाली चलाने से लेकर अंतरिक्ष यात्रा में भी यह काम आता है।

इस प्रकार आविष्कारों की प्रक्रिया हजारों वर्षों से चली आ रही है। हमारे घर-बाहर की हर चीज किसी-न-किसी के द्वारा आविष्कृत की गई है। आइए, देखें कि ये छोटी-छोटी चीजें कैसे विकसित हुईं।

□

भोजन

सृष्टि के पहले ही दिन भोजन की आवश्यकता महसूस हुई, जब मनुष्य को भूख लगी थी। पहले उसने आस-पास के फल खाए और बाद में पशुओं को मारकर खाया।

पर भूख का यह स्थायी हल नहीं था। फल हर समय व हर स्थान पर उपलब्ध नहीं होते थे। पशु का कच्चा मांस तो जल्दी खराब हो जाता था।

एक बार एक थके हुए शिकारी के हाथों से मरा हुआ मृग गलती से आग में गिर गया। आग से वापस उसे निकालना कठिन था। थोड़ी देर बाद जब आग ठंडी हुई तो भूखे शिकारी ने वही भुना हुआ मांस खाया। वह उसे ज्यादा स्वादिष्ट लगा। अगले दिन उसने सवेरे फिर उस मांस को चखा तो उसे लगा कि यह खराब नहीं हुआ है। अब वह मांस को आग में भूनकर खाने लगा।

अब मनुष्य ने भोजन को खराब होने से बचाने के लिए और उपाय ढूँढ़े। खाद्य पदार्थों को सुखाकर, पकाकर, नमक मिलाकर रखने से वह ज्यादा समय तक टिके रहने लगे।

जब अनाज का उत्पादन प्रारंभ हुआ तो उसमें भी तरह-तरह के प्रयोग हुए, तरह-तरह की फसलें उगाई जाने लगीं। पहले साधारण उपकरणों, जैसे—हल, हँसिया, फावड़े आदि का प्रयोग होता था। बाद में मशीनों का प्रयोग होने लगा।

मशीनों का प्रयोग इंग्लैंड में प्रारंभ हुआ और अमेरिका में खूब जोर पकड़ने लगा।

सन् 1831 में अमेरिका के सायरस हॉल मैकार्मिक ने फसल काटनेवाली मशीन का आविष्कार कर डाला। इससे बड़े-बड़े भूभागों में गेहूँ की खेती का काम प्रारंभ हो गया। बाद में ट्रैक्टर व अन्य मशीनों का चलन बढ़ता गया और बड़े पैमाने पर सस्ता अन्न उत्पादन होने लगा।

धीरे-धीरे और प्रयोग हुए। फसलों की ऐसी किस्में उगाई जाने लगीं, जिनमें उत्पादन ज्यादा होता था और बीमारियाँ कम। भारत में बौनी किस्म का गेहूँ उगाने के साथ ही हरित क्रांति का सूत्रपात हुआ।

एक ओर फलों, सब्जियों आदि को डिब्बाबंद करके सुरक्षित बेचने और लंबे समय तक रखकर बेचने की परंपरा प्रारंभ हुई और उससे मनुष्य को देश-विदेश के खाद्य पदार्थ समय-असमय खाने को मिलने लगे, वहीं खाना पकाने के लिए भी नए-नए उपकरण बाजार में आने लगे।

जब मनुष्य को पता चला कि उच्च दबाव पर भोजन शीघ्र पकता है और उसके पोषक तत्त्व बरकरार रहते हैं तो फ्रांस के डेनिस पेपिन ने पहले-पहल प्रेशर कुकर का निर्माण किया। उसने हड्डियों को उबालकर उनका सूप बनाया। प्रेशर कुकर लोकप्रिय साबित हुआ।

इसी श्रृंखला में; बाद में माइक्रोवेव ओवन भी आ गया। आज तो प्राचीन पद्धति से खाना सिर्फ दूर-दराज के गाँवों में ही बनाया जाता है।

□

टी–बैग

बीसवीं शताब्दी के प्रथम दशक में थॉमस सलीवान ने न्यूयॉर्क शहर से चाय आयात करने का व्यवसाय प्रारंभ किया। वह बाहर से चाय मँगवाता था और धातु के छोटे बैग में उसके छोटे-छोटे सैंपल रखकर ग्राहकों को देता था।

सन् 1904 में धातु के दाम बहुत ज्यादा बढ़ गए तब मुफ्त सैंपलों में धातु के छोटे बैग देना संभव नहीं था। अब सलीवान ने हलके रेशमी कपड़े के छोटे-छोटे बैग बनवाए और उनमें चाय भर-भरकर ग्राहकों को देना प्रारंभ किया।

ग्राहकों ने इसे दूसरे उद्‌देश्य के लिए समझा। उन्होंने गरम पानी और दूध में उन्हें डाला और नए स्वाद की चाय का आनंद लिया। उन्हें यह अत्यंत पसंद भी आया और अब सलीवान के पास टी-बैग के ऑर्डर आने लगे।

□

जूते

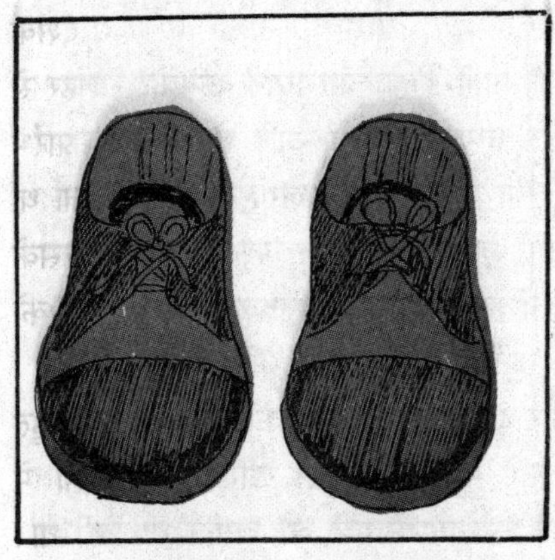

मनुष्य लाखों वर्षों से पृथ्वी पर विचरण करता रहा है। निश्चित रूप से यह कहना कठिन है कि जूते का आविष्कार कब, किसने और कैसे किया। निश्चय ही पथरीली जमीन पर चलने में चोट लगने के कारण या सर्दी-गरमी महसूस होने के कारण मनुष्य को जब तकलीफ हुई होगी तो उसने पहले-पहल या तो पेड़ों की पत्तियाँ पैरों में लपेटी होंगी या जानवरों की चमड़ी।

प्राचीन काल में ऋषियों को पैर में खड़ाऊ पहने बताया गया है। यह लकड़ी की होती थी। इससे पैर की कुछ रक्षा तो हो जाती थी, पर यह पूरी तरह आरामदायक नहीं थी।

जब लोग शिकार खेलने या युद्ध के मैदान में जाते थे तो अन्य अंगों की तरह पैरों की सुरक्षा का भी सवाल उठता था। तब पैरों के तले में लकड़ी होती थी, जिसे मजबूती से बाँध लिया जाता था, ताकि वह लकड़ी बीच में निकल न जाए। बाद में ठंड से बचाव के लिए ठंडे देशों में चमड़े के जूते बनाए जाने लगे, जिनका तला भी होता था और ऊपर चमड़ा होता था।

पहले जूते सादा होते थे। यूरोप में काफी समय बाद तक सादे जूतों का रिवाज रहा। तब एक पैर का जूता दूसरे पैर में पहना जा सकता था। इधर भारत में आभिजात्य वर्ग के लोग सुंदर नक्काशीदार जूते पहनते थे। उधर यूरोप में भी

तरह-तरह के फैशन के जूते पहनने का रिवाज चल पड़ा। पंद्रहवीं सदी में इंग्लैंड में नुकीले जूतों का रिवाज चल पड़ा। कुछ लोगों के जूतों का अगला हिस्सा इतना नुकीला और लंबा होता था कि वह पहननेवालों के घुटनों तक जा लगता था।

तत्कालीन अंग्रेज सरकार ने असाधारण रूप से लंबे इन नुकीले जूतों पर रोक लगा दी। इसके बाद लोग सामान्य जूते पहनने लगे।

इसी तरीके की एक कथा जूतों की एड़ियों के बारे में है। फ्रांस का राजा लुई चौदहवाँ ठिगने कद का था। जब वह अपने सामनेवाले को लंबा पाता था तो उसे बड़ा गुस्सा आता था। उसने शाही मोची को आदेश दिया कि वह उसके जूतों के नीचे ऊँचा तला लगा दे, ताकि वह औरों के बराबर हो जाए। इसके बाद ऊँची एड़ी के जूतों का रिवाज प्रारंभ हो गया। विशेष रूप से महिलाओं में ऊँची एड़ी के जूतों या सैंडलों का चलन बढ़ गया।

हर प्रकार के फैशन की अति जब हो जाती है तो लोग उससे ऊबकर सामान्य फैशन पर आ जाते हैं। ऊँची एड़ी के जूते-चप्पलों की भी अति हो गई। सत्रहवीं सदी के अंत तक महिलाएँ इतने ऊँचे जूते या सैंडल पहनने लगीं कि उनको रास्ता चलना भी कठिन हो जाता था। कई तो गिर जाती थीं। अत: कई के चलते समय सहारा देने और गिरने से बचाने के लिए नौकरानियाँ साथ में चलती थीं।

इतिहास ने हर किस्म के विचित्र जूते देखे हैं। एक ओर महिलाओं की जूतियों के आठ इंच ऊँचे तले भी देखे और दूसरी ओर बच्चों के बतख के आकार के जूते भी। अमेरिका में जूते के निर्माताओं ने जूते के तले खोखले बनाए और प्लास्टिक के इन तलों में पानी भर दिया। उसे पहननेवाले को लगता था कि वह पानी में चल रहा है।

जब रबर का आविष्कार हो गया तो जूतों पर भी इसका असर पड़ा। पहले-पहल ब्राजीलवासियों ने इसके गुणों के बारे में जाना। उन्होंने गीले रबर को अपने पैरों में चिपकाकर उसे सुखाना प्रारंभ कर दिया। इससे उन्हें चलने में आराम मिलता था।

बाद में यूरोप के यात्री रबर को अमेरिका से यूरोप ले गए। सन् 1700 में जोसेफ प्रीस्टले ने रबर से पेंसिल का लिखा मिटाने में सफलता पाई। बाद में वेट वेबस्टर नामक न्यूयॉर्कवासी ने सन् 1832 में जूतों के तलों पर रबर लगाकर उसका पेटेंट हासिल किया।

सन् 1844 में चार्ल्स गुड ईयर ने रबर की वल्कनाइजेशन प्रक्रिया का आविष्कार किया और अब रबर को कपड़ों या जूतों में इस्तेमाल करना आसान हो

गया। सन् 1868 में नए प्रकार के जूते बनाए जाने लगे, जिन्हें स्नीकर्स कहा जाता था। लोग इन्हें पहनकर टेनिस खेलते थे। ये इतने महँगे थे कि सिर्फ धनवान् लोग ही खरीद सकते थे। धीरे-धीरे इनके दाम कम होते गए और नए-नए रंगों व डिजाइनोंवाले जूते बाजार में आते गए।

धीरे-धीरे लोगों की चाहत हुई कि जूते मजबूत भी हों और मुलायम भी, ताकि पैरों पर जोर न पड़े। लोग बेहतर तला बनाने में जुटे रहे। बिल बावरमैन ने अपने नाइक शू कारखाने में स्थित प्रयोगशाला में अनेक प्रकार के तले बनाने के लिए प्रयोग किए। एक दिन रविवार की सुबह वह नाश्ता कर रहा था, तभी उसने वेफल आयरन देखा। काफी देर तक वह सोचता रहा। जब उसकी पत्नी चर्च चली गई तो उसने कृत्रिम रबर और वेफल आयरन को जोड़ा। अगले ही दिन, अर्थात् सोमवार को उसने वेफल तला तैयार कर दिया, जो पहले से बेहतर था। जॉगिंग करनेवाले लोग अगले साल नाइक के वेफल जूते पहनकर जाने लगे।

जब लोगों ने अमेरिकी अंतरिक्ष यात्रियों को अंतरिक्ष या चंद्रमा पर चलते हुए देखा तो उन्हें लगा कि ये तो कंगारू की तरह उछल रहे हैं। लोगों की इच्छा देखकर एक जूता कंपनी ने 'कंगारू' नामक ब्रांड के जूते तैयार कर दिए। इन्हें पहनकर उछलना व्यक्ति के लिए आसान हो जाता है।

□

रबर बैंड

आज रबर बैंड का उपयोग लगभग हर काम में होने लगा है। सवेरे अखबारवाला अखबार को रबर बैंड में लपेटकर ऊपर की मंजिल में फेंकता है। महिलाएँ बाल बाँधने के लिए रबर बैंड का प्रयोग करती हैं। थैले से सामान बाहर न निकल जाए, इसलिए थैले का मुँह रबर बैंड से बाँध दिया जाता है।

रबर का प्रयोग मध्य और दक्षिण अमेरिका के मूल निवासी सदियों से करते रहे हैं। वे वहाँ उपलब्ध रबर के पेड़ों से निकलनेवाले तरल रबर को सुखाकर रबर बना लेते थे और तरह-तरह से उसका उपयोग करते थे। वहाँ पर रबर के वस्त्र, कोट, हैट, खिलौने, स्कर्ट आदि तो बनते ही थे, रबर की बोतलें भी बनती थीं, जिनमें तेल आदि रखा जाता था।

सन् 1820 में एक बार थॉमस हैनकॉक नामक अंग्रेज को वहाँ के एक आदिवासी ने रबर की बोतल दी। हैनकॉक ने उस बोतल को ध्यान से देखा और फिर चाकू लेकर उसके स्लाइस काटे। इस प्रकार विश्व का पहला रबर बैंड तैयार हुआ।

हैनकॉक ने रबर बैंड का प्रयोग तरह-तरह से करना प्रारंभ किया। उसने मोजों में इनका प्रयोग किया, ताकि वे नीचे न लटकें। उसने कपड़ों में प्रयोग करना प्रारंभ किया भी, ताकि वे खिसकें नहीं; पर हैनकॉक के दिमाग में अपने आविष्कार को

पेटेंट कराने का विचार नहीं आया।

रबर बैंड को पहले-पहल पेटेंट कराया स्टीफन पेरी नामक अंग्रेज ने और वह भी पच्चीस साल बाद अर्थात् सन् 1845 में। उसने रबर बैंड को अन्य कई तरीकों से प्रयोग किया और उसका कारखाना भी लगाया, जिससे उसने काफी धन कमाया। □

अधोवस्त्र (अंडरवियर)

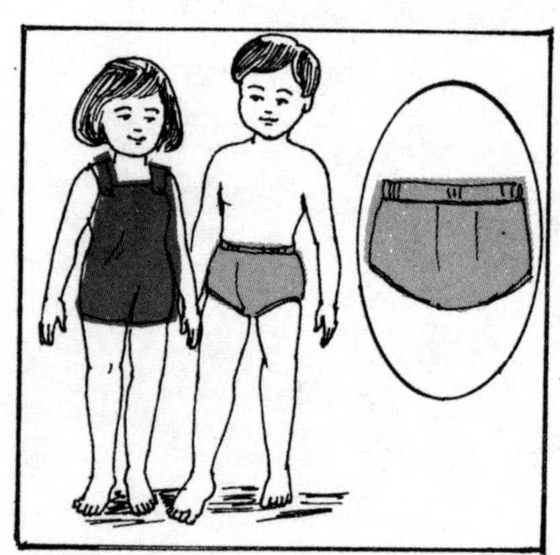

पुरातत्त्ववेत्ताओं द्वारा की गई खुदाई में प्राचीन सुमेर सभ्यता की एक पुरानी मूर्ति मिली है, जिसमें युवती ने पैंटी (चड्डी) पहन रखी है। इससे ज्ञात होता है कि विश्व में अधोवस्त्र पहने जाने का रिवाज लगभग साढ़े चार हजार वर्ष पुराना है।

पर फिर भी पहले लोग इनके बारे में चर्चा करने से कतराते थे। इनका स्वरूप भी अलग-अलग होता था। भारत में घुटनों तक लंबे जाँघिए और सूती कपड़े की बंडी, जो बनियान से बड़े आकार की होती थी, पहनने का रिवाज था।

उधर यूरोप में इन वस्त्रों के साथ तरह-तरह के प्रयोग हुए। सन् 1850 में महिलाएँ ऐसी अंडरस्कर्ट पहनती थीं, जो घोड़े के बालों से बनी होती थी और इस प्रकार की होती थी कि उनकी बाहरी स्कर्ट बैल के आकार में दिखाई दे। इस प्रकार की अजीब स्कर्ट से उनका बैठना भी कठिन हो जाता था और वे सार्वजनिक वाहनों में भी प्रवेश नहीं कर पाती थीं।

उसके बाद अमेलिया जेक्स ब्लूमर ने सन् 1851 पैंट की तरह के अंडर गारमेंट तैयार किए, ताकि महिलाओं को पुरुषों जैसे काम करने में आसानी हो; पर ये वस्त्र प्रारंभ में सिर्फ खेलकूद के दौरान ही पहने गए।

सन् 1878 में एक जर्मन डॉक्टर जेगर ने सलाह दी कि अधोवस्त्रों में अगर

ऊन का इस्तेमाल हो तो यह त्वचा के लिए लाभदायक होता है। तब लोग ऊनी बनियान, जो गरदन तक होती थी और ऊनी पैंटी, जो टखने तक होती थी, पहनने लगे। बच्चे तथा बड़े, सभी इससे परेशान रहने लगे और मारे गरमी व पसीने के अपने बदन खुजलाते रहते थे। धीरे-धीरे यह चलन भी समाप्त हो गया।

अंडर गारमेंट्स के क्षेत्र में तब भारी परिवर्तन आया, जब सन् 1820 में थॉमस हैनकॉक नामक अंग्रेज ने एलास्टिक पेटेंट कराया। उसने बड़ी कुशलता से कपड़ों में रबर बैंड को चिपकाकर इस तरह का बना दिया कि कपड़े में नाड़ा डालने का झंझट ही न रहे।

धीरे-धीरे वैज्ञानिक विकास का असर अधोवस्त्रों पर भी हुआ। अब ज्यादा आरामदायक वस्त्र स्त्री-पुरुष और बच्चों सभी के लिए उपलब्ध होने लगे। □

पायजामा

पायजामा सिर्फ भारत और अरब देशों में ही नहीं वरन् पूरे विश्व में पहना जाता है। हालाँकि इसका उद्भव भारत और फारस में हुआ था। 'पायजामा' फारसी के शब्दों का मिश्रण है। 'पाय' का अर्थ है टाँग, 'जामा' का अर्थ है कपड़ा या वस्त्र, अर्थात् जो कपड़ा पैरों में पहना जाए उसे पायजामा कहा जाता है।

प्राचीन काल में भारत व फारस में ढीले पायजामे पहने जाते थे। उधर यूरोप में अजीब रिवाज था। या तो लोग सर्दियों में दिन के कपड़े पहनकर ही सो जाते थे या गरमियों में नंगे ही सोना पसंद करते थे।

सोलहवीं सदी में यूरोप में लोगों ने रात के वस्त्र पहनकर ही सोना प्रारंभ किया। वे अब रात की अलग शर्ट पहनते थे, जो दिन की शर्ट की अपेक्षा हलकी और सादी होती थी। इसी तरह सत्रहवीं सदी में पायजामा भी यूरोप में पहुँच गया, पर इसे रात्रि का वस्त्र बनने में लगभग सौ साल लगे। अठारहवीं सदी में पुरुषों ने पायजामा पहनना प्रारंभ किया। बीसवीं सदी के प्रारंभ में लड़कियों और महिलाओं ने देखा कि यह तो बड़ा आरामदायक वस्त्र है। अब उन्होंने भी इसे पहनना प्रारंभ कर दिया।

□

सेफ्टी पिन

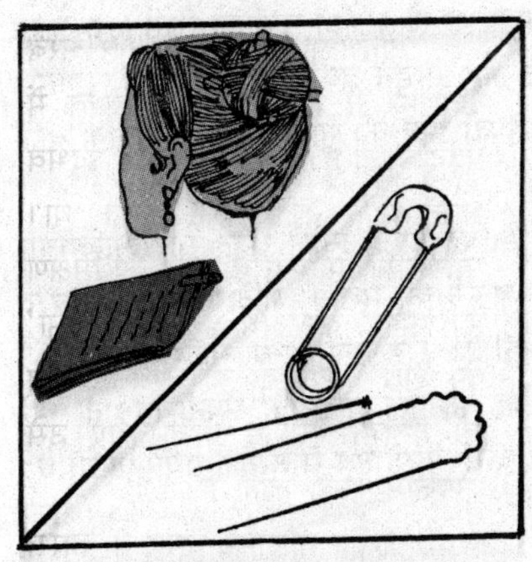

साधारण सा दिखनेवाला सेफ्टी पिन लगभग चार हजार साल पुराना है। प्राचीन काल में ग्रीक और रोमन साम्राज्य में भी लोग इसका इस्तेमाल करते थे। वे इसे 'फैबुला' कहते थे तथा अपने कपड़ों को जोड़ने के लिए इसका इस्तेमाल करते थे। कुछ लोग इसे जेवर की तरह भी पहनते थे। बाद में बेल्ट और बटनों ने इसका स्थान लेना प्रारंभ कर दिया। धीरे-धीरे सेफ्टी पिन गायब होने लगा।

सन् 1825 में अमेरिकी आविष्कारक वाल्टर हंट के सामने एक दिन गंभीर समस्या आ खड़ी हुई। उन्हें किसी को उसी दिन 15 डॉलर देने थे, मगर तब उनके पास एक सेंट तक नहीं था।

जिस व्यक्ति को न्यूयॉर्कवासी वाल्टर हंट से 15 डॉलर का कर्ज वापस लेना था, वह जानता था कि हंट एक प्रतिभावान् व्यक्ति हैं; उनका लाभ उठाना चाहिए। यह जानकर कि हंट के पास डॉलर नहीं है, उसने एक प्रस्ताव वाल्टर हंट के समक्ष रखा। उसने हंट को तार का एक टुकड़ा देते हुए कहा कि वह इस तार के टुकड़े से जो कुछ भी बना देंगे, उसके निर्माण का अधिकार वह ले लेगा और इसके एवज में 400 डॉलर भी देगा

मरता क्या न करता, वाल्टर हंट आविष्कार करने में जुट गए। मात्र तीन घंटे

में उन्होंने उस तार के टुकड़े से महत्त्वपूर्ण व बहूपयोगी आविष्कार कर डाला। सेफ्टी पिन नामक इस आविष्कार से उन्हें 400 डॉलर भी मिल गए और उनका 15 डॉलर का कर्ज भी चुकता हो गया। जिस व्यक्ति ने सेफ्टी पिन का निर्माण-अधिकार लिया वह उसकी फैक्टरी लगाकर मालामाल हो गया।

प्रारंभ में वाल्टर हंट के सेफ्टी पिन में दो खामियाँ थीं। एक तो वह सुरक्षित नहीं था। उसकी नोक ढकी हुई नहीं थी। इस्तेमाल करनेवाले की अँगुलियों के पोर अकसर घायल हो जाते थे। दूसरे, उसमें स्प्रिंग नहीं था और कई बार तो मजबूती से फँस भी नहीं पाता था।

वाल्टर हंट ने धीरे-धीरे अपने आविष्कार में सुधार किए और परिणामस्वरूप वह सुरक्षित भी हो गया। जब वह बंद होता था तो उसका नुकीला सिरा ढक जाता था। हंट ने इसमें स्प्रिंग के गुण भी डाले और मोड़ते वक्त उसे गोलाई में घुमाया। इससे वह फिसलता नहीं था। इस प्रकार सेफ्टी पिन की गुणवत्ता व उपयोगिता बहुत बढ़ गई।

वाल्टर हंट एक बड़े आविष्कारक साबित हुए। उन्होंने बहुत सारे आविष्कार किए। इनमें राइफल में सुधार, हल, कील बनाने की मशीन आदि शामिल हैं; पर वे कभी धनवान् नहीं हो पाए। सेफ्टी पिन की ही तरह उन्हें अन्य आविष्कारों से भी मामूली राशि ही मिल पाई। बाद में उन्हें यह भी पता चला कि सेफ्टी पिन तो चार हजार साल पुराना है। इटली, सिसली आदि के निवासी तब से उसका प्रयोग करते थे। □

जीन्स

जीन्स की पैंट आजकल काफी लोकप्रिय है। यह काफी मजबूत होती है। यदि यह गंदी और कहीं से फटी भी हो तो उसे फैशन माना जाता है। इसके जन्म की कथा भी कुछ ऐसी ही है।

ऑस्कर लेवी स्ट्रॉस नामक व्यक्ति रोजगार की तलाश में सन् 1849 में कैलीफोर्निया आया, जहाँ सोने की खान में लोग काम करते थे। वह इलाका खुशहाल होता जा रहा था। वहाँ के खान मजदूरों के सामने एक समस्या थी। उनका ज्यादातर समय खान के अंदर खुदाई में बीतता था और उनकी पैंट घुटनों तक खराब हो जाती थी। नई पैंट चंद दिनों में चिथड़े-चिथड़े हो जाती थी।

एक खदान मजदूर ने लेवी स्ट्रॉस को सलाह दी कि वह ऐसे मजबूत व टिकाऊ कपड़े की पैंट तैयार करे, जो काफी दिन चले। साथ ही गंदी या फटी होने पर भी बुरी न लगे। लेवी स्ट्रॉस इस प्रयास में जुट गया।

उस समय स्ट्रॉस की जानकारी में तंबू लगाने में इस्तेमाल होनेवाला कपड़ा सबसे मजबूत कपड़ा था। उसने उस कपड़े की पैंट तैयार की और उनका प्रयोग उन मजदूरों के द्वारा प्रारंभ कर दिया। मजदूरों को ये पैंट बहुत पसंद आई और खरीदारों का ताँता लग गया।

बाद में स्ट्रॉस ने फ्रांस की नीम्स नामक कंपनी को ऑर्डर देकर कपड़ा

बनवाया और उस कपड़े की पैंट तैयार की, जिन्हें 'डेनिम' कहा जाने लगा।

प्रारंभ में नीले रंग के अलावा भूरे रंग की भी जीन्स की पैंट मिलती थी। सन् 1896 के बाद नीली जीन्स का प्रचलन बढ़ता चला गया। समय के साथ इन जीन्स की पैंटों में आवश्यकतानुसार परिवर्तन किए गए, जो फैशन बन गए। अलकाली आइक नामक एक मजदूर खान में इस्तेमाल होनेवाले टूल, उपकरण आदि अपनी जेब में रखता था और उन्हें लापरवाही से निकालता था। इससे उसकी जेबों की सिलाई अकसर उधड़ जाती थी। सिलाई करते-करते उसका दर्जी परेशान हो गया।

एक दिन उस दर्जी ने एक लोहार को उसकी जीन्स दी और कहा कि पैंट की जेब के जोड़ों पर रिवेट लगा दो। लोहार ने रिवेट लगा दीं। अब सिलाई खुलने का झंझट तो खत्म हो ही गया, पैंट भी आकर्षक हो गई। चतुर लेवी स्ट्रॉस उसके बाद हर जीन्स की जेबों में रिवेट लगाने लगा।

बाद में जब जिपर का आविष्कार हुआ तो जीन्स में जिपर भी लगने लगे, जो पैंट की मजबूती के साथ-साथ आकर्षण भी बढ़ाने लगे। □

बरसाती कपड़े

बरसात के मौसम में हम अकसर कपड़े पहनकर तैयार होते हैं और तभी बारिश आ जाती है। तब हमें अपनी छतरी या बरसाती की याद आती है। बरसाती कपड़े की विकास-गाथा भी कम विचित्र नहीं है।

कहते हैं, जब स्पेन के खोजी समुद्र-यात्री भारत की तलाश में निकले तो वे अमेरिका जा पहुँचे। वहाँ उन्हें रबर मिला। उस रबर का कोट पहनना उन्होंने प्रारंभ किया। यहीं से बरसाती का चलन प्रारंभ हुआ।

इसके अलावा एक फ्रांसीसी इंजीनियर फ्रांको फ्रेस्नो ने भी रबर का प्रयोग करके वाटरप्रूफ कोट और जूते तैयार किए थे। बाद में एक अंग्रेज चार्ल्स मैंकिंटोश ने नए सिरे से बरसाती का आविष्कार किया और बड़े पैमाने पर उसका उत्पादन भी प्रारंभ किया।

मैंकिंटोश ने रबर की एक परत को कपड़े की दो परतों के बीच में रखा और जोड़ दिया। रबर को मुलायम रखने के लिए उसने तारपीन का भी इस्तेमाल किया। इसके बाद उसने उसे दर्जी से कपड़ों के रूप में सिलवा दिया।

पहले-पहल लोगों को इससे काफी सहारा मिला। बारिश से तो बचाव हो गया, पर जब धूप निकलती तो रबर के कपड़े से परेशानी होती थी। रबर के कपड़े चिप-चिप करते थे। उनसे अजीब सी गंध भी आती थी। बगल में चल रहे व्यक्ति को भी असहजता महसूस होती थी।

बाद में रसायनों से निर्मित कृत्रिम रबर से बरसातियाँ बनाई जाने लगीं।

□

इस्तरी (आयरन)

प्रारंभ से ही मनुष्य की इच्छा आकर्षक दीखने की रही है। इसके लिए वह साफ-सुथरे आकर्षक कपड़े पहनता रहा है। धुलने के बाद इन कपड़ों पर इस्तरी करने की परंपरा प्रारंभ में ही विकसित हो गई थी।

प्रारंभ में धोबी कपड़े धोने के बाद इस्तरी करता था। इस इस्तरी का स्वरूप लगभग वैसा ही होता था जैसा आज की इस्तरी का होता है; पर यह बड़े आकार की होती थी तथा इसके अंदर जलता कोयला रहता था। कोयले का ताप और इस्तरी का भार कपड़े पर तह बनाता था और सलवटें दूर करता था। इस्तरी करने से पहले कपड़े पर पानी छिड़ककर उसे नम किया जाता था।

पर उपर्युक्त काम काफी मेहनत का और खर्चीला था। आम आदमी रोजाना इस्तरी किए कपड़े नहीं पहन पाता था। सिर्फ राजे-महाराजे और अमीर लोग ही इसका खर्च उठा पाते थे।

जब बिजली का उत्पादन प्रारंभ हुआ तो लोग बिजली से इस्तरी करने की कल्पना करने लगे। सन् 1880 के दशक में न्यूयॉर्क के हेनरी सीले ने बिजली से चलनेवाली पहली इस्तरी तैयार की, जो विद्युत् आर्क से चलती थी। इसके अंदर से

चटकने की आवाज आती थी। लोग इसका इस्तेमाल करने से डरते थे।

बाद में इसमें तरह-तरह के सुधार किए गए। इसमें दोनों तरफ एक-एक प्लग लगाया गया। प्लग को सुरक्षित तरीके से सॉकेट में लगाया गया। अब लोगों को इसपर भरोसा होने लगा और यह हर घर का जरूरी हिस्सा बन गई।

□

जिपर

सन् 1890 तक लोग जूतों में भी बटन लगाते थे। इससे जूते को पहनने और उतारने में समय लगता था।

वाइटकॉम्ब जुडसन नामक व्यक्ति को जूते पहनते समय बटन लगाना या फीते बाँधना बहुत बुरा लगता था। उसे क्लिप लगाना या हुक बंद करना भी समय की बरबादी लगता था। झुकने में उसकी पीठ दुखने लगती थी और अँगुलियाँ भी थक जाती थीं।

बटनों और फीतों से मुक्ति पाने के लिए उसने एक लॉकिंग सिस्टम बनाया। इसमें पतली धातु की दो चेन होती थीं। उन्हें जोड़कर जब उनपर स्लाइडर चलाया जाता था तो वह बंद हो जाता था।

पर यह अच्छी तरह नहीं चल पाता था। यह कई बार जाम हो जाता था और कई बार अपने आप भी खुल जाता था। जुडसन ने इस लॉकिंग सिस्टम को बड़े पैमाने पर बनाने के लिए मशीन भी तैयार कर ली थी; पर इसकी माँग नहीं बढ़ी। लोग बटन ही लगाते रहे।

जुडसन थोड़ा निराश अवश्य हुआ, पर उसने हार नहीं मानी। सन् 1896 में जुडसन ने लेविस वाकर के साथ मिलकर काम करना प्रारंभ किया। वाकर ने जुडसन को सलाह दी कि जिपर सिर्फ जूतों के लिए ही नहीं, वरन् सभी चीजों, जैसे

कपड़े आदि के लिए बनाया जाए।

सन् 1910 में जुडसन ने नए जिपर तैयार किए, जिसका नाम भी रखा गया सी-क्यूरिटी। यह पुरुषों की पैंटों में भी इस्तेमाल होता था और महिलाओं की स्कर्टों में भी। इसकी कीमत 35 सेंट रखी गई।

धीरे-धीरे जुडसन का आविष्कार लोकप्रिय होता चला गया। इसका इस्तेमाल भी अनेक चीजों में होने लगा; पर अभी तक उसे जिपर के आविष्कारक के रूप में नहीं जाना जाता था। एक दिन एक व्यवसायी जुडसन की फैक्टरी में आया और उसने उसके आविष्कार को ध्यान से देखा। उसने अनायास टिप्पणी की, 'यही है आपका जिपर!' जुडसन को 'जिपर' नाम खूब पसंद आया और तभी से जिपर नाम लोकप्रिय हो गया।

□

कपड़े

प्रारंभ में मनुष्य नंगे बदन रहता था। सर्दी में उसे कपड़ों की जरूरत महसूस हुई। उसने मारे गए जानवरों की खाल और फर को शरीर पर लपेटकर अपनी आवश्यकता की पूर्ति की। पर लपेटने में उसे परेशानी होती थी। कई बार वह खुल जाती थी और उसे अपने हाथों से थामना पड़ता था। उसके हाथ दूसरे काम, जैसे—शिकार करना, सामान ढोना आदि नहीं कर पाते थे। उसने एक नुकीली हड्डी से उस खाल में दो छेद किए और फिर हड्डी को उसमें फँसा दिया। इस प्रकार वह हड्डी बटन का काम करने लगी।

अब मनुष्य को नंगे रहना बुरा लगने लगा; उसने कपड़ों की तलाश प्रारंभ की। उसे ऐसे कपड़ों की तलाश थी, जो धोने पर जल्दी सूख जाएँ और पहनने में अच्छे लगें। कपड़ों का आविष्कार किसने किया, यह तो ज्ञात नहीं है; पर यह अनुमान लगाया जाता है कि उत्तर-पाषाण युग में कपड़े बनाने और उन्हें पहनने की परंपरा प्रारंभ हुई। धीरे-धीरे कपड़े पहनना सिर्फ शरीर के बचाव के लिए ही आवश्यक नहीं रहा वरन् वह समाज में व्यक्ति की स्थिति को भी दरशाने लगा। गरीब लोग साधारण वस्त्र पहनने लगे, जबकि अमीर लोग उत्तम वस्त्रों की तलाश करने लगे। राजे-महाराजे अत्यंत महँगे जड़ाऊ वस्त्र पहनने लगे। महिलाओं में भी वस्त्रों को लेकर होड़ प्रारंभ हुई, जो आज भी जारी है।

हमारे पौराणिक ग्रंथों में दिव्य वस्त्रों की कल्पना की गई है। वे वस्त्र कभी मैले नहीं होते थे और उन्हें पहननेवाला हमेशा आकर्षक बना रहता था। यह सिर्फ कोरी कल्पना नहीं थी। बाद के काल में ऐसे वस्त्रों को तैयार करने का सिलसिला प्रारंभ हुआ, जो जल्दी मैले नहीं हों और आसानी से साफ हो जाएँ। साथ ही उनपर इस्तरी करने में कम-से-कम श्रम लगे। सदियों तक हाथ से बनाए सूत के वस्त्र पहने जाते रहे। रेशम के कीड़ों का उत्पादन भी जारी रहा तथा रेशमी वस्त्र चीन और भारत में पहने जाते रहे। ये वस्त्र महँगे होते थे और आमतौर पर अमीर लोग ही इनका प्रयोग कर पाते थे।

इन रेशमी वस्त्रों के बारे में अनेक किस्से प्रसिद्ध हैं। कहते हैं कि भारतीय वस्त्र इतना मुलायम होता था कि पूरी-की-पूरी साड़ी एक अँगूठी के अंदर से निकल जाती थी। औरंगजेब की बहन रोशनआरा ने एक साड़ी की सात तहें लपेटीं, पर फिर भी औरंगजेब, जो सादगीपसंद था, को वह नहीं भाई। उसने उस पारदर्शी साड़ी को पहनने से बहन को मना कर दिया।

उधर पश्चिमी देशों में कपास से ही कपड़ा बनना जारी रहा। अमेरिका की भूमि कपास के उत्पादन के लिए उपजाऊ थी। वहाँ मशीनों द्वारा तेजी से उत्पादन होने लगा। यह कपास इंग्लैंड जाता था। वहाँ पहले इसका धागा बनाया जाता था और फिर घरेलू उद्योग में कपड़ा बनाया जाता था।

जब भाप के इंजन का आविष्कार हुआ तो लोगों को लगा कि उसका उपयोग कपड़ा बनाने के लिए भी किया जा सकता है। जेम्स हरग्रीव्स ने सन् 1767 में स्पिनिंग जेनी तैयार की, जिससे एक व्यक्ति एक बार में 16 से ज्यादा धागों से बुनाई करने लगा। वह धागा मोटा होता था। सन् 1769 में रिचर्ड आर्कराइट ने पानी से चलनेवाली अपनी मशीन पेटेंट कराई। यह मशीन उसी प्रकार हर धागे को बुनती थी जैसे हाथ की मशीन बुनती थी। सन् 1779 में सामुवेल क्रॉम्पटन ने जो मशीन तैयार की, उससे अत्यंत पतला धागा तैयार होने लगा।

सन् 1789 में कपड़ा उद्योग में क्रांति आ गई, जब एडमंड कार्टराइट ने पावरलूम तैयार किया। अब भाप का इंजन बुनाई करनेवाली मशीन चलाने लगा। अमेरिका में 1793 में दो महत्त्वपूर्ण घटनाएँ हुईं। एली व्हाइटने ने कपास के रेशों से बीज निकालने के लिए मशीन तैयार की। दूसरी ओर सामुवेल स्लेटर, जो बुनाई मजदूर था, ने पहली कपड़ा मिल लगाई।

अब मनुष्य कपास से बने सूती कपड़ों से संतुष्ट नहीं था। उसने कृत्रिम रेशों से मनपसंद कपड़े तैयार करना प्रारंभ किया। नायलॉन इस दिशा में पहला प्रयास

था। धीरे-धीरे सिंथेटिक कपड़ों की बाढ़-सी आ गई।

पहले कपड़े हाथ से सिले जाते थे, फिर सिलाई मशीन आ गई। लोग हाथ या पैरों से चलनेवाली मशीन से कपड़े सिलने लगे। उसके बाद बिजली की स्वचालित मशीनें आईं और अब रेडीमेड कपड़ों की बाढ़-सी आ गई है।

कपड़ों की दिशा में प्रयोग अभी जारी हैं। पर्वतारोहण के लिए अलग कपड़े बनाए जाते हैं। अंतरिक्ष यात्री अलग किस्म के कपड़े पहनते हैं।

□

वेलक्रो

यह सन् 1948 की बात है। जॉर्ज डी. मिस्ट्रेल नामक एक स्विस इंजीनियर शिकार के लिए पहाड़ी जंगली इलाके में गया। वहाँ वह खूब घूमा-फिरा। घूमने के दौरान ही उसके मोजों तथा पैंट में बारीक बर व रेशे चिपक गए। उसने जब उन्हें निकालने की कोशिश की तो उसे काफी परेशानी हुई। किंतु परेशान होकर खीझने के बजाय वह घटना का अध्ययन करने लगा। उसने देखा कि हर रेशा एक लूप बनाकर उसके कपड़ों से चिपक गया है। वह सोचने लगा कि अगर ऐसा कपड़ा बना दिया जाए, जो आपस में एक-दूसरे से चिपक जाए तो सिलाई, बटनों, जिपर आदि की जरूरत ही नहीं पड़ेगी।

पर यह सोचना आसांन था, करना कठिन। उसे दो प्रकार के कपड़ों की आवश्यकता थी—एक, जिसमें हुक हों और दूसरा, जिसमें लूप हों। काफी ढूँढ़ने के बाद उसे एक ऐसा कपड़ा बुननेवाला मिला, उसकी आवश्यकतानुसार जो छोटा सा कपड़ा बुनने के लिए तैयार हो गया।

जब पहला सैंपल मिला तो डी. मिस्ट्रेल ने उसपर प्रयोग किया और पाया कि यह काम करता है, पर ऐसा कपड़ा बड़े पैमाने पर बनाना अभी भी एक समस्या थी। डी. मिस्ट्रेल इसके लिए लगातार प्रयोग करता रहा और उसने कपड़ों पर भाप का प्रभाव, गरम हवा का प्रभाव, अल्ट्रासोनिक किरणों का प्रभाव डाला, गोंद लगाया,

मगर कोई फायदा नहीं हुआ। काफी शोध के पश्चात् उसे नायलॉन के धागे से बने कपड़े में लूप बनाने में सफलता मिल गई। इसके बाद उसे इन लूपों से काट-काट कर हुक तैयार करने में भी सफलता मिल गई।

अब उसने एक मशीन बनाने की योजना शुरू की, जो इन लूपों-हुकों को तैयार करे। इस काम में उसे आठ साल लग गए। अब उसकी मशीन फटाफट ऐसा कपड़ा बनाने लगी। डी. मिस्ट्रेल ने अपने इस कपड़े का नाम 'वेलक्रो' रखा। 'वेल' का अर्थ है वेलवेट और 'क्रो' अर्थात् क्रोचेट। फ्रांसीसी भाषा में छोटे हुकों को 'क्रोचेट' कहा जाता है।

अब वेलक्रो का प्रयोग तेजी से बढ़ने लगा। इसे आसानी से खोला और बंद किया जा सकता था। इसने बटनों और जिप का स्थान ले लिया।

वेलक्रो वास्तव में एक अद्‌भुत चीज है। एक वर्ग सेंटीमीटर वेल्क्रो एक किलोग्राम तक का दबाव सह सकता है। यदि वेलक्रो कपड़े पहनकर आदमी कूदकर ऐसी दीवार से चिपक जाए, जो वेलक्रो लूपवाली हो तो वह चिपककर लटका रह जाएगा। उसे छुड़ाने के लिए कई मजबूत साथियों की आवश्यकता पड़ेगी।

□

क़ोट-हैंगर

अल्बर्ट पार्कहाउस उस कंपनी में काम करता था, जो तारों का लैंपशेड फ्रेम बनाती थी। कंपनी में कामगार सवेरे आकर, अपना कोट टाँगकर काम में जुट जाते थे।

एक दिन जब पार्कहाउस काम पर आया तो कोट टाँगनेवाले सारे हुक भर चुके थे। अब पार्कहाउस के पास दो ही विकल्प थे। पहला यह कि वह कोट को जमीन पर रखे, दूसरा यह कि कोई नया उपाय करे।

पार्कहाउस ने अपनी वर्कशॉप से एक बड़ा तार लिया और उसे आधुनिक हैंगर के रूप में मोड़ा। मोड़कर उसने उसपर अपना कोट टाँग दिया। जब वह यह कर रहा था तो उसके मालिक ने यह देख लिया। उसने अपनी वर्कशॉप में ऐसे कोट हैंगर धड़ाधड़ बनवाने प्रारंभ कर दिए।

सौभाग्य से ये हैंगर खूब बिके और उसका मालिक खूब अमीर हो गया। बेचारा मूल आविष्कारक पार्कहाउस उसी कंपनी में कम तनख्वाह पर काम करता रहा।

□

पुस्तकें

जैसे-जैसे वर्णमाला, लिपि आदि का विकास हुआ वैसे-वैसे ही मनुष्य ने अपने विचारों को दर्ज करना प्रारंभ कर दिया। भारत में ताड़पत्र तथा भोजपत्रों पर वैदिक साहित्य की रचना हुई। अनेक पुराने ग्रंथ, जो ताड़पत्रों पर लिखे गए थे, आज भी संग्रहालयों में सुरक्षित हैं।

प्राचीन भारत में गुरु-शिष्य संवाद होते थे। उन संवादों को शिष्य कलमबद्ध किया करते थे। 'चरकसंहिता' ऐसा ही गुरु-शिष्य संवाद है, जो चिकित्सा-ज्ञान के लिए आयोजित हुआ था। आचार्य चरक ने इसे लिखा था।

इसी प्रकार मिस्र, रोम, यूनान आदि में ज्ञान को कलमबद्ध करने की परंपरा प्रारंभ हुई। साहित्य, धर्म, कानून आदि पर अनेक किताबें लिखी गईं। ये किताबें अलग-अलग जगह अलग-अलग चीजों पर लिखी जाती थीं—कहीं पेड़ की बारीक छाल पर तो कहीं जानवरों की चिकनी खाल पर। 'पपारस' नामक पेड़ की छाल पर काफी पुस्तकें लिखी गईं। आगे चलकर इसी पपारस से 'पेपर' नाम विकसित हुआ, जो चीनियों की देन है।

कागज का आविष्कार चीनियों ने 105 ईसवी में ही कर लिया था। बाद में जब मुसलमानों ने चीन पर आक्रमण किया तो वे अपने साथ कागज बनानेवालों को भी पकड़कर ले गए। इस तरह कागज बनाने की तकनीक मध्य एशिया और पश्चिम

एशिया तक फैल गई, जहाँ से यह यूरोप जा पहुँची।

सदियों तक किताबें हाथ से लिखी जाती रहीं। हमारे देश में गुरुकुल के छात्र किताबों की रचना करते थे। उधर पश्चिम के देशों में चर्च के पादरी इस काम को किया करते थे। किताबें सजिल्द बनाई जाने लगीं, ताकि वे लंबे समय तक इस्तेमाल में लाई जा सकें।

धीरे-धीरे किताबें लोकप्रिय होने लगीं। लोग उन्हें पढ़ना चाहते थे, पर हाथ से लिखी किताबों की संख्या बहुत कम होती थी। चंद प्रभावशाली और धनवान् लोगों तक ही ज्ञान सीमित रह जाता था।

लिखने की कला भी अलग-अलग जगह अलग-अलग प्रकार की थी। हमारे देश में व्याकरण आदि का पूरा ध्यान रखा जाता था, पर पश्चिम में लिखी गई अनेक पुस्तकों में पूर्ण विराम, अर्ध विराम आदि नदारद होते थे।

बाद में चीन में छपाई की कला का विकास हुआ। प्रारंभ में लकड़ी के गुटकों पर नक्काशी होती थी, जो एक कठिन प्रक्रिया थी। फिर भी हाथ से लिखने की अपेक्षा इसके जरिए बड़ी संख्या में पुस्तकें छापना आसान हो गया।

1041 ईसवी में चीन के एक लोहार पी शेंग ने छपाई की नई कला का विकास किया, जिसमें धातु के छोटे-छोटे अक्षर तैयार किए जाते थे। इनकी सहायता से हर पृष्ठ की सामग्री तैयार की जाती थी और फिर उससे छपाई होती थी। अब छपाई आसान हो चुकी थी और चीन सहित अन्य एशियाई देशों, जैसे कोरिया आदि में भी छपाई होने लगी। सन् 1409 में 'डायमंड ऑफ सूत्र' नामक कोरियाई पुस्तक छपी।

सन् 1456 के आस-पास जर्मन आविष्कारक जोहान गुटेनबर्ग ने छपाई की कला का पुन: आविष्कार किया और बड़ी संख्या में बाइबल, डिक्शनरी आदि छापी गईं। लोगों तक धार्मिक ज्ञान अब आसानी से पहुँचने लगा।

पुस्तक-लेखन से अनेक विचित्र घटनाएँ भी जुड़ी हैं। बारहवीं सदी में जापानी सम्राट् सुतोक को तीन वर्ष के लिए देश-निकाला भोगना पड़ा। इस दौरान उसने एक धार्मिक ग्रंथ की नकल की और इसके लिए उसने अपने रक्त को स्याही की जगह इस्तेमाल किया। इस ऐतिहासिक रचना में 135 पृष्ठ, 1215 पंक्तियाँ तथा 10,500 शब्द हैं।

बाद के काल में भी कुछ लोग हाथ से लिखना पसंद करते थे और कुछ लोग सीधे टाइपसेटिंग ही करने लगे थे। फ्रांसीसी उपन्यासकार निकोलस ब्रीटोन, जो एक प्रिंटर भी थे, ने 203 किताबों की रचना की। इनमें से 152 में उन्होंने कलम का

इस्तेमाल नहीं किया और सीधे टाइपसेटिंग कर डाली।

दूसरी ओर ब्रिटिश लेखक ई.वी. राइट ने टाइपसेट को हाथ नहीं लगाया। उन्होंने अपने जीवन में एक ही पुस्तक लिखी, जिसका शीर्षक था 'गाडबाई'। इस उपन्यास में पचास हजार शब्द हैं, जिनमें एक भी शब्द ऐसा नहीं है, जिसमें अंग्रेजी के अक्षर 'e' का इस्तेमाल हुआ हो।

आज हम अगर अंग्रेजी का एक लंबा वाक्य लिखने बैठें, जिसमें 'e' शब्द न हो तो खासी कठिनाई होगी। निश्चय ही इतनी बड़ी 'e' विहीन पुस्तक लिखने में उन्होंने कितना श्रम किया होगा।

किताबों के जरिए लोगों ने ज्ञान भी अर्जित किया और एक सज्जन ने दूसरे का अपमान भी किताब के जरिए ही कर डाला। उस व्यक्ति ने अपने राज्य के राजा के कृतित्व पर पुस्तक लिखी, जिसमें 500 पृष्ठ थे। लोगों ने उसे पढ़ने के लिए बड़े चाव से खोला तो पाया कि इसके तो सारे पृष्ठ कोरे हैं। जब उन्होंने लेखक महोदय से पूछा कि तुमने ये पन्ने कोरे क्यों छोड़े तो उन्होंने बताया कि राजा ने अपने जीवन में ऐसा कोई ढंग का काम किया ही नहीं, जिसे लिखा या पढ़ा जाए।

प्रारंभ में सिर्फ सजिल्द पुस्तकें होती थीं, क्योंकि उद्देश्य होता था कि वे ज्यादा-से-ज्यादा लंबे समय तक चलें। बाद में प्रकाशक सस्ती किताबें उपलब्ध कराने के लिए पेपरबैक संस्करण निकालने लगे। सन् 1841 में जर्मनी में पेपरबैक किताबों का पहला संस्करण निकला, जो अंग्रेज व अमेरिकी सैलानियों को बेचने के लिए था। ऐसी पुस्तकें यह सोचकर बेची जाती थीं कि पाठकगण इन्हें पढ़कर फेंक दें या नष्ट कर दें; पर धीरे-धीरे पेपरबैक संस्करण लोकप्रिय होते चले गए।

आज हमारे देश में भी हजारों प्रकाशक हैं और लाखों की संख्या में किताबें छपती हैं। कुछ किताबें ऐतिहासिक बन जाती हैं और देश-विदेश के अधिकाधिक लोगों के द्वारा पढ़ी जाती हैं। कुछ विचित्र होती हैं, कुछ सामयिक होती हैं और एक समय के बाद अपना अस्तित्व खो बैठती हैं।

कुल मिलाकर पुस्तकें जितनी रोचक हैं, उनसे कहीं ज्यादा रोचक उनकी विकास-गाथा है।

□

अंग्रेजी की वर्णमाला

अंग्रेजी की वर्णमाला अत्यंत सरल मानी जाती है। इसमें मात्र 26 अक्षर हैं और इनकी सहायता से विपुल और समृद्ध साहित्य रचा गया है।

प्राचीन काल में मिस्रवासियों और चीनियों ने विभिन्न चित्रों से चीजों को वर्णित करना प्रारंभ किया था। यह लगता तो आसान था, पर सीखनेवाले को हजारों तरह के संकेत समझने और याद करने पड़ते थे।

यूनानवासियों ने ग्रीक वर्णमाला विकसित की। इसका आधार चित्र नहीं, ध्वनि थी। विभिन्न शब्दों से निकलनेवाली ध्वनि पर आधारित अक्षर व शब्द बनने लगे। इससे हजारों चित्रोंवाली वर्णमाला की अपेक्षा छोटी व आसान वर्णमाला बनने लगी।

ग्रीक वर्णमाला के आधार पर अंग्रेजी की वर्णमाला का विकास हुआ। इतना ही नहीं, ग्रीक अक्षर 'अल्फा' और 'बीटा' को मिलाकर अल्फाबेट बना, जो वर्णमाला के रूप में जाना जाता है। इस प्रक्रिया के दौरान काफी परिवर्तन हुए। अक्षरों के क्रम में भारी फेर-बदल हुआ। अंग्रेजी का छठा अक्षर F है, जबकि ग्रीक का छठा अक्षर Z होता है।

पहले अंग्रेजी वर्णमाला में मात्र 22 अक्षर विकसित हुए। K, J, V और W नहीं थे। मध्य युग में जाकर 'K' विकसित हो पाया और 'C' के स्थान पर कड़ी

आवाजवाले को 'K' कहा गया। पहले कीन (keen) को cene लिखा जाता था। बाद में keen लिखा जाने लगा। पहले j के स्थान पर भी i का ही प्रयोग होता था। बाद में मध्य युग में j अलग किया और उसे वर्णमाला में i के बाद स्थान दिया गया। इन दोनों ही अक्षरों के ऊपर बिंदी लगती है।

इसी प्रकार V अक्षर भी नहीं था और U को कुछ जगहों पर V के रूप में उच्चारित किया जाता था। बाद में आनेवाली कठिनाइयों को ध्यान में रखकर V को वर्णमाला में स्थान दिया गया। अठारहवीं सदी में लोग V का प्रयोग करने लगे थे।

W अक्षर अंग्रेजी वर्णमाला का सबसे रोचक अक्षर है। पहले यह दो v को मिलाकर 'v v' के रूप में लिखा जाता था। कुछ लोग दो u u को मिलाकर भी लिखते थे। बाद में यह w के रूप में लिखा जाने लगा।

अठारहवीं सदी तक आते-आते अंग्रेजी वर्णमाला स्थायी हो चली थी; पर अनेक लोग अभी भी इसके संशोधन में जुटे थे। सन् 1768 में बेन फ्रैंक्लिन नामक विद्वान् ने वर्णमाला में सुधार के लिए प्रयत्न किया। उन्होंने c, j, q, w, x, y आदि को निकालकर नए अक्षर डालने का प्रस्ताव किया। उनका विचार था कि अक्षरों से एक जैसी ध्वनि निकले। इस दिशा में उन्होंने कुछ प्रस्ताव भी रखे; पर लोगों को वे भ्रामक व अजीबोगरीब लगे। उसमें अनेक समस्याएँ भी थीं, जैसे—आम तौर पर y का उच्चारण नहीं होता है और अगर होता है तो e या i की तरह। अत: एक जैसी ध्वनि के अक्षर तैयार करना आसान काम नहीं था।

फ्रैंक्लिन ने अक्षरों को वर्गों में भी बाँटने का प्रयास किया। उनके अनुसार कुछ अक्षर बहुत ज्यादा इस्तेमाल होते थे, जैसे—e, t, a, i, s, o, n, h, r, l फ्रैंक्लिन इनमें परिवर्तन करने के पक्ष में नहीं थे। जो भी हो, परिवर्तन नहीं हुआ। आज अंग्रेजी भाषा काफी समृद्ध हो चुकी है।

इसी प्रकार विश्व में अलग-अलग जगहों पर, अलग-अलग कालों में विभिन्न वर्णमालाओं का विकास हुआ। अनुमानों के अनुसार, विश्व में कुल 250 वर्णमालाओं का विकास हुआ, पर उनमें से तीन-चौथाई का प्रचलन समय के साथ बंद भी हो गया। लगभग 65 वर्णमालाएँ पूरे विश्व में अलग-अलग जगहों पर प्रचलन में हैं। सबसे ज्यादा वर्णमालाएँ हमारे देश में प्रचलित हैं। यहाँ संस्कृत, मराठी, हिंदी तो देवनागरी लिपि में लिखी जाती हैं; इनकी वर्णमालाएँ एक हैं; पर गुजराती, तमिल, तेलुगु, बँगला आदि की अपनी वर्णमालाएँ हैं।

इसी प्रकार विश्व में वर्णमालाओं के आकार भी अलग-अलग हैं। दक्षिण

प्रशांत के एक इलाके में रोताकास नामक भाषा है, जिसमें मात्र 11 अक्षर हैं। वे लोग मात्र a, b, e, g, i, k, o, p, r, t तथा u की सहायता से साहित्य-रचना कर डालते हैं। दूसरी ओर कंबोडिया में प्रचलित वर्णमाला में 74 अक्षर हैं।

पर वर्णमालाओं में संशोधन का क्रम आज भी जारी है।

□

लिखना

स्कूल-कॉलेजों में अकसर गेसिंग गेम प्रतियोगिता होती है, जिसमें एक प्रतियोगी को बिना बोले अपने हाव-भाव व इशारों से किसी चीज के बारे में इस तरह बताना होता है कि उसका साथी जल्दी-से-जल्दी समझ जाए और नाम बता दे। इसमें बताने में जितनी देर होती है उतने ही अंक कट जाते हैं।

इस प्रतियोगिता के दौरान पता चलता है कि अगर बोलने, लिखने, पढ़ने की कला विकसित नहीं हुई होती तो आज कितनी कठिनाई होती। जब आदि मानव दिन भर के शिकार के पश्चात् अपने साथी को अपने शिकार के बारे में बताने की कोशिश करता होगा तो आखिर किस तरह करता होगा? शायद वह मारे गए पशुओं की पूँछ दिखाकर संख्या बताता होगा। वह पशुओं की पूँछ की कूची बनाकर मिट्टी पर जानवर की शक्ल बनाकर, दिखाता होगा।

शायद इसी तरह लिखने की कला विकसित हुई होगी। यह इसलिए भी कहा जा सकता है, क्योंकि चीनियों की लिपि चित्रों पर आधारित है। धीरे-धीरे विभिन्न भाषाओं में वर्णमाला विकसित हुई। भारत की संस्कृत भाषा तो अत्यंत कठिन, पर समृद्ध भाषा है। यह किस तरह विकसित हुई होगी—इसका आकलन कठिन है और शायद इसीलिए इसे 'देवभाषा' कहते हैं। अंग्रेजी की वर्णमाला के 26 अक्षरों के

विकास में सदियों लगीं और j, v, w आदि अक्षर तो मध्य युग में जाकर विकसित हो पाए।

एक ओर वर्णमाला विकसित हुई और दूसरी ओर लिखने के लिए उपकरण। पहले लोग खड़िया से लिखते थे, क्योंकि यह आसानी से उपलब्ध होती थी। गीली खड़िया से लिखा हुआ ज्यादा दिन चल जाता था।

फिर जानवरों की खाल पर लिखा जाने लगा। उसे 'परचामेंट' कहा जाता था। पपारस नामक पेड़ की छाल पर लिखा जाने लगा। इनपर फाउंटेन पेन से लिखा जाता है। प्राचीनतम फाउंटेन पेन छह हजार साल पुराना है, जो मिस्र से प्राप्त हुआ। इसमें स्याही बहकर नीचे जाती थी।

आधुनिकतम फाउंटेन पेन के आविष्कार से पहले तक लोग नुकीली लकड़ी से या पक्षियों के पंख से स्याही में डुबो-डुबोकर लिखते थे। सन् 1880 में नए फाउंटेन पेन का आविष्कार हुआ, जिसमें स्याही धीरे-धीरे बहकर नीचे निब में जाती थी; पर लोग इससे भी संतुष्ट नहीं हुए, क्योंकि स्याही अकसर बाहर बह जाती थी और लिखनेवाले के कपड़े, हाथ आदि खराब हो जाते थे।

सन् 1930 के दशक में लोगों ने बारीक गेंद को घुमाकर लिखने की तकनीक विकसित करने की कला का विकास करना प्रारंभ किया। नई कल्पना के अनुसार, निब की बजाय स्याही बारीक धातु की गेंद को गीला करेगी तथा वह गेंद कागज पर स्याही का रंग उतारेगी।

उधर हंगरी में लैडिस्लो बीरो नामक पेंटर, मूर्तिकार तथा पत्रकार था। वह अत्यंत प्रतिभावान् था और इस कदर व्यस्त था कि अपने फाउंटेन पेन में स्याही भरना भूल जाता था। उसे पेन में स्याही भरना समय की बरबादी लगता था।

सन् 1935 में जब वह एक अखबार में संपादक के रूप में काम करता था तो लेखों में संशोधन करते समय कभी उसकी निब कागज में फँस जाती थी तो कभी पेन से कागज पर स्याही फैल जाती थी। तब बीरो का काफी समय नष्ट हो जाता था। उसने फैसला किया कि पेन ऐसा होना चाहिए, जो आसानी से लिख सके और स्याही भरने, फैलने का झंझट ही न हो।

अब उसने अपने भाई जॉर्ज, जो केमिस्ट था, के साथ मिलकर फाउंटेन पेन को दोबारा तैयार करने का काम प्रारंभ कर दिया। नुकीली निब की जगह उन्होंने घूमनेवाली सूक्ष्म बॉल लगाई और पतली स्याही की जगह ट्यूब में गाढ़ी स्याही भर दी। इसके बाद ट्यूब को सील करके लिखने का प्रयास किया।

पर दिक्कत कम न हुई। लिखना बीच-बीच में रुक जाता था। चूँकि इसकी

स्याही गुरुत्वाकर्षण बल से ही नीचे आती थी। अतः जब तक इसे सीधा रखते थे तब तक स्याही आती थी और उसके बाद नहीं आती थी। अब उन्होंने चिकनी बॉल की जगह खुरदरी बॉल लगाई। इससे लिखने में आसानी होने लगी। अब अगर कलम तिरछी हो जाती थी, तो भी चलती थी। पर यह काफी महँगा था। लोग इसे खरीदने में असमर्थ थे और आनाकानी करते थे।

तभी दूसरा विश्वयुद्ध छिड़ गया। हंगरी पर कब्जा होने वाला था। बीरो को अपना देश छोड़कर अर्जेंटीना में शरण लेनी पड़ी। वहाँ पर उसने अपने प्रयोग जारी रखे।

वहाँ उसकी किस्मत चमक गई। युद्ध के दौरान पायलटों को समस्या आने लगी। ऊँचाई पर उनके फाउंटेन पेनों से स्याही बाहर निकल पड़ती थी। तभी बीरो के पेन का पता चला। उसके बॉल पेन ऊँचाई पर बिना किसी रुकावट के चलते थे। इसके साथ ही बॉल पेन की बिक्री तेजी से होने लगी। उस समय इसकी कीमत साढ़े बारह डॉलर थी, फिर भी दस हजार पेन न्यूयॉर्क के एक डिपार्टमेंटल स्टोर से हाथोहाथ बिक गए।

अब तक धरती और हवा में लिखने की समस्या हल हो चुकी थी, पर अंतरिक्ष में लिखने की समस्या उठ खड़ी हुई। बॉल पेन की बॉल गुरुत्वाकर्षण बल के कारण स्याही प्राप्त करती है। यह बल अंतरिक्ष में नहीं होता और इसके बिना बॉल पेन नहीं चल पाता है। अब पॉल फिशर नामक अमेरिकी वैज्ञानिक ने ऐसा पेन बनाया, जो अंदर से दबाव उत्पन्न करता था। इसकी स्याही तब तक ठोस रहती है जब तक पेन की बॉल उसे रगड़ती नहीं। रगड़ने के बाद यह लिखने के काम आती है। इस तरह अंतरिक्ष में भी लेखन प्रारंभ हो गया। सोवियत अंतरिक्ष यात्रियों ने भी इसे इस्तेमाल किया।

□

पेंसिल

आम तौर पर पेंसिल को लेड पेंसिल कहा जाता है; पर आश्चर्य की बात यह है कि इसमें लेड होता ही नहीं है। पेंसिल का खोल लकड़ी का होता है और इसके अंदर का काले रंग का हिस्सा क्ले और ग्रेफाइट का मिश्रण होता है।

दैनिक जीवन में अकसर उपयोग में आनेवाली इस पेंसिल का आविष्कार दुर्घटनावश हुआ था। हुआ यों कि 1564 ईसवी में सर्दियों के दिनों में तूफान के कारण ओक का एक पेड़ गिर गया। तब लोगों ने देखा कि वहाँ एक काला चमकीला पदार्थ जमा है। उस पदार्थ को निकाला गया। लोगों ने उस काले पदार्थ को 'लेड' का नाम दिया और उससे लिखने लगे। इसके साथ एक समस्या थी कि उस पदार्थ से लिखते समय हाथ बुरी तरह काले हो जाते थे।

इसका भी समाधान निकाला गया। लोगों ने लेड के टुकड़े की चारों ओर रस्सी बाँधकर लिखना प्रारंभ किया। बाद में कुछ लोग उस कथित लेड को लकड़ियों के बीच फँसाकर या चमड़े में लपेटकर लिखने लगे।

सन् 1683 में जे. पीटस नामक व्यक्ति ने पहले-पहल लकड़ी के बीच सुराख करके उसमें बेलनाकार लेड तैयार कर डाला और विश्व की पहली पेंसिल बना डाली। फिर उसने इसे गोंद से अच्छी तरह चिपका भी दिया।

पेंसिल का उत्पादन बड़े पैमाने पर पहले-पहल जर्मनी में हुआ। सन् 1761 में कास्पर फेबर नामक व्यक्ति ने जर्मनी के न्यूरेमबर्ग नामक शहर में पेंसिल का उत्पादन प्रारंभ किया। बाद में उसके बच्चों और पोतों ने इस व्यवसाय को आगे बढ़ाया। कास्पर के एक वंशज एबर रिहार्ड ने जब जर्मनी छोड़कर अमेरिका में बसने का फैसला किया तो अपने पारिवारिक व्यवसाय को भी अमेरिका साथ ले गया। इस प्रकार पेंसिल का उत्पादन अब अमेरिका में भी होने लगा।

पेंसिल की कथा के साथ अनेक विचित्र तथ्य जुड़े हैं। पहले पेंसिल से लिखते वक्त अगर गलती हो जाती थी तो लोग ब्रेड अर्थात् रोटी से रगड़कर गलत लिखावट मिटाते थे और फिर दोबारा लिखते थे। बाद में जब रबर आसानी से उपलब्ध होने लगा तो मिटाना और भी आसान हो गया। रोटी से मिटाना कठिन था, पर मिटाने के लिए रोटी का टुकड़ा लगभग दो साल तक इस्तेमाल होता रहा। रबर से मिटाने की परंपरा सन् 1752 में प्रारंभ हो पाई, जब मैगलेन नामक फ्रांसीसी व्यक्ति ने मिटानेवाली रबर का टुकड़ा तैयार किया। बाद में लिपमैन नामक अमेरिकी ने इसे पेंसिल के एक सिरे पर लगा दिया, जिससे लिखनेवालों को आसानी हो गई।

सन् 1779 में असली लेड की खोज हुई। तब लोगों ने विश्लेषण प्रारंभ किया कि अब तक जो लेड के नाम से जाना जाता है, वह क्या है? पता चला कि वह तो कार्बन का एक रूप है। ग्रीक भाषा में 'ग्रेफीन' का अर्थ होता है लिखना। अत: इस लिखनेवाले पदार्थ का नाम ग्रेफाइट रख दिया गया; पर लोग पेंसिल को लेड पेंसिल ही बोलते रहे।

पेंसिल के आकार में भी समय-समय पर परिवर्तन हुआ। चमड़े, रस्सी, धातु की पत्तियों से बाँधे जाने के बाद इसे जब लकड़ी के सुराख में बंद किया जाने लगा तो पहले वर्गाकार टुकड़ा लकड़ी में डाला जाता था, बाद में गोलाकार टुकड़ा डाला जाने लगा, जैसे आज डाला जाता है। गोलाकार टुकड़ा डालने का काम जोसेफ डिक्सन नामक अमेरिकी ने प्रारंभ किया था।

जितनी अद्भुत पेंसिल की विकास-गाथा है, पेंसिल भी कम अद्भुत नहीं है। एक पेंसिल से अगर सीधी रेखा खींची जाए तो वह पेंसिल पूरी तरह घिसने से पूर्व 50 किलोमीटर लंबी रेखा खींच देगी। आमतौर पर एक पेंसिल से 45,000 शब्द लिखे जा सकते हैं।

हर पेंसिल पर कुछ नंबर लिखा जाता है। यह संख्या पेंसिल के अंदर मौजूद ग्रेफाइट मिश्रण के कड़ेपन को दरशाती है। यदि यह संख्या ज्यादा है तो समझिए कि इसमें ग्रेफाइट का मिश्रण अधिक है और अगर संख्या कम है तो समझिए कि

ग्रेफाइट का मिश्रण कम है। पेंसिल जितनी मुलायम होगी, यह उतना ही गहरा लिखेगी।

पेंसिल का प्रयोग पृथ्वी पर ही नहीं, अंतरिक्ष और चंद्रमा पर भी बिना किसी रुकावट के होता है, क्योंकि वहाँ बॉल पेन या अन्य पेन चलते नहीं हैं। विश्व में हर साल अरबों पेंसिलों की खपत होती है और यह खपत बढ़ती ही रहेगी।

□

चश्मा

नजर कमजोर होने या कम दिखाई देने की समस्या लोगों के सामने आदि काल से चली आ रही है। कहते हैं कि प्रसिद्ध रोमन सम्राट् नीरो, जिसने रोम पर 54 ईसवी से लेकर 68 ईसवी तक शासन किया, नजर कमजोर होने से परेशान रहता था। तरह-तरह के अटपटे काम करनेवाला, अपने घोड़ों को मनुष्य की पोशाक पहनानेवाला, रात को सड़कों पर घूमने, गुनगुनाने, नाचनेवाला नीरो जेवरात का बड़ा शौकीन था। हीरे-जवाहरातों को एक आँख से बहुत नजदीक रखकर देख पाता था। लोग उसकी इस आदत पर हँसते थे। उसे लगता था कि नजदीक से देखने पर शायद हीरा ज्यादा सुंदर लगता होगा।

नजर कमजोर होने का हल पहले-पहल चीनियों ने निकाला। उन्होंने चश्मा बनाकर पहनना प्रारंभ किया; पर यह चश्मा आधुनिक चश्मों जैसा नहीं था। इसमें दो अंडाकार लेंस होते थे। उनका फ्रेम कछुए के खोल से बनाया जाता था। इन्हें रस्सी से बाँधा जाता था और रस्सी कान से एक वजनदार चीज के जरिए लटका दी जाती थी। कुछ लोग चश्मे को अपने हैट से ही जोड़ देते थे तो कुछ लोग पीतल की पत्ती जोड़ देते थे और शीशा सामने रखकर देखते थे।

इन चश्मों से नजर कमजोर होने की समस्या का सही समाधान हो पाता था या नहीं, यह तो पता नहीं, पर अनेक लोगों का मानना था कि चश्मा लगाने से भाग्य

चमक जाता है या वे ज्यादा सुंदर व आकर्षक लगने लगते हैं। कुछ लोग खाली फ्रेम भी पहनने लगे थे।

इसके बाद अरबवासियों ने लेंसों को घिसने और तैयार करने की कला विकसित की। उन्होंने प्रकाश की किरणों को केंद्रित करके, चीजों को बड़ा करके देखने की कला भी विकसित कर ली।

तेरहवीं तथा चौदहवीं सदी में चश्मों की तकनीक यूरोप पहुँच गई। सन् 1350 में इटलीवासी चश्मा पहनने लगे। उस समय वहाँ पर पत्थर, क्रिस्टल या किसी पारदर्शक पत्थर से लेंस बनाए जाते थे। उनका उद्देश्य केवल बेहतर देखना था, भाग्य सुधारना नहीं। वे बड़ा आकार देखने की कोशिश करते थे।

पहले कुछ लोग एक शीशे की मदद से बड़ा आकार देखने की कोशिश करते थे। फिर दो शीशों की मदद से बड़ा आकार देखने लगे। दोनों शीशे एक फ्रेम में लगे होते थे, पर आँखों पर पहनने की बजाय वे हाथ में पकड़ते थे और पढ़ते समय या किसी चीज को ध्यान से देखते समय वे उसे आँखों के सामने रखकर देखते थे।

बाद में रिबन या रस्सी के सहारे दोनों लेंसों को सिर पर बाँधा जाने लगा। इस प्रकार का चश्मा लोगों को आरामदायक नहीं लगा। इसलिए तरह-तरह के प्रयोग चलते रहे। कुछ ने स्प्रिंग लगाकर सिर में बाँधना प्रारंभ किया तो कुछ ने कपड़े जकड़नेवाली क्लिप के जरिए नाक में लगाने का भी प्रयत्न किया। काफी प्रयत्नों के बाद एक व्यक्ति के दिमाग में विचार आया कि चश्मे को दो मजबूत तारों से जोड़कर कान में लगा दिया जाए। कान के पास तार को मोड़ा गया, ताकि कान में फँसा रहे।

पहले पत्थरों के लेंस बनाए जाते रहे। बाद में शीशे को पिघलाकर उचित आकारवाले लेंस बनाए जाने लगे, जिनसे बेहतर दिखाई देता था। यह जानकारी भी खिड़कियों में शीशे लगानेवाले एक व्यक्ति ने संसार को दी।

मजे की बात यह है कि आज डॉक्टर नजर कमजोर होने पर शीघ्र ही चश्मा लगाने की राय देते हैं, पर उस समय वे इसका विरोध करते थे। वे इसे आँखों के लिए खतरनाक बताते थे और नजर में सुधार लाने के लिए दवा डालने या मलहम आदि लगाने की राय देते थे।

पर लोग डॉक्टरों की राय के विपरीत इन्हें लगाने का प्रयास करते थे। इसका एक कारण यह भी था कि चौदहवीं-पंद्रहवीं सदी में छपाई की प्रक्रिया प्रारंभ हो गई थी और पढ़ने के लिए 'बाइबल' व अन्य किताबें लोगों को उपलब्ध होने लगी थीं। तब लोग पढ़ना चाहते थे और उस समय के चश्मे चाहे कितने भी बेढंगे थे, पर पढ़ने

में सहायक थे। दवा या मलहम से आँख की रोशनी न तब बढ़ती थी और न आज बढ़ती है।

चश्मों की लोकप्रियता बढ़ती गई। चश्मे यूरोप से अमेरिका पहुँचे। वहाँ बेंजामिन फ्रैंक्लिन नामक वैज्ञानिक ने पहली बार बाइ फोकल लेंस तैयार किया, जिससे नजदीक की दृष्टि के साथ दूर की दृष्टि में भी सुधार आने लगा। इसके साथ ही चश्मों के विकास की प्रक्रिया ने जोर पकड़ा। तब जैसी आँखों की दृष्टि होती थी वैसा ही चश्मा बनने लगा।

कुछ लोगों को आँखों पर चश्मा लगाना बुरा लगता था। उन्हें लगता था कि उनका व्यक्तित्व इससे दुष्प्रभावित होता है। उन्हें तब राहत मिली जब जर्मनी में सन् 1877 में कॉण्टेक्ट लेंसों का आविष्कार हुआ। वास्तव में कॉण्टेक्ट लेंसों का आविष्कार दृष्टि-सुधार के लिए नहीं हुआ था। यह पलकों के रोग से आँख के गोले को बचाने के लिए एक वैज्ञानिक द्वारा किया गया था। आजकल कॉण्टेक्ट लेंसों का काफी प्रयोग होता है और महिलाओं को यह ज्यादा पसंद होता है।

□

कागज

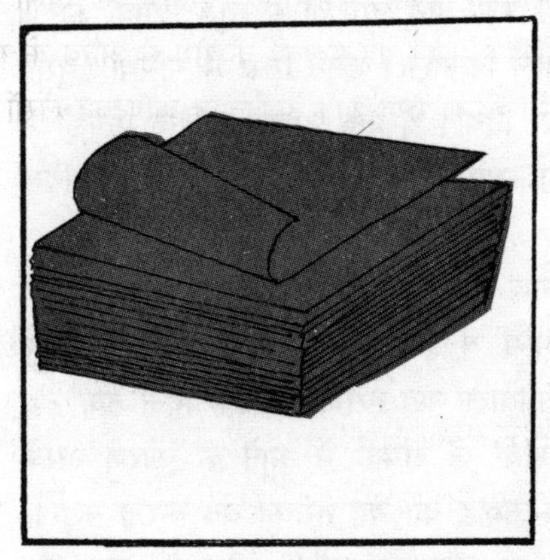

दिलचस्प बात यह है कि जूलियस सीजर, मूसा, क्लियोपेट्रा आदि के बारे में इतिहासकारों व साहित्यकारों ने सैकड़ों-हजारों कागज काले किए, पर इन महापुरुषों ने अपने जीवनकाल में कागज की शक्ल तक नहीं देखी। हालाँकि उनके जमाने में भी लिखने की परंपरा थी, पर उस समय पत्थरों, ताड़पत्रों, भोजपत्रों, पपारस वृक्ष की छाल, जानवरों की खाल आदि पर लिखा जाता था। लेकिन लिखनेवाले उपर्युक्त चीजों पर लिखकर संतुष्ट नहीं थे। वे ऐसी चीज पर लिखना चाहते थे, जिसपर लिखना आसान हो और लिखने के बाद उसे सुरक्षित रखा जा सके।

105 ईसवी में चीन के त्साई लुन नामक व्यक्ति ने कागज का आविष्कार किया। पेशे से राजनीतिज्ञ त्साई लुन ने पुरानी रस्सी के टुकड़े, कबाड़, पेड़ की छाल, मछली पकड़ने के सड़े हुए जाल आदि को काफी देर तक पानी में भिगोया और जब वे सब गल गए तो उनकी लुगदी बना ली। इसके बाद उसने उस लुगदी को एक मोल्ड में डालकर उससे एक पतली परत बनाई, जो सूखने के बाद विश्व का पहला कागज होने का गौरव पा सकी।

अब लोग इसपर लिखने लगे। अन्य चीजों की अपेक्षा उसपर लिखना आसान था और लिखने के बाद इसे सँभालकर रखा भी जा सकता था। कागज बनाने की

यह कला पाँच सौ सालों तक चीन में ही रही। सातवीं सदी में पहले-पहल यह जापान पहुँची और उसके बाद विश्व के अन्य भागों में फैल गई।

751 ईसवी में मुसलिम आक्रमणकारी चीन से कुछ कागज निर्माताओं को पकड़कर अपने साथ ले गए और कागज-निर्माण की कला का अपने यहाँ प्रसार किया। वहाँ से यह कला यूरोप जा पहुँची।

पहले पुरानी जैविक वस्तुओं, फटे-पुराने, गले-सड़े कपड़ों आदि से कागज बनाया जाता था। इन चीजों को गलाकर उनकी लुगदी तैयार की जाती थी और उससे कागज की शीट तैयार की जाती थी। एक कुशल कारीगर दिन भर में लगभग 750 शीट तैयार कर लेता था।

जब पुरानी चीजों, कपड़ों आदि की कमी होने लगी तो स्टेनवुड नामक कागज निर्माता ने इस समस्या का एक विचित्र हल निकाला। उसने मिस्र से ममियों (पुराने सुरक्षित रखे शव) को मँगाना प्रारंभ कर दिया। वे शव अत्यंत बढ़िया कपड़ों में लिपटे होते थे। स्टेनवुड ने उनका कपड़ा उतारकर उनका इस्तेमाल प्रारंभ कर दिया और शव को जमीन में गाड़ने लगा।

इस पुराने कपड़े से बेहतरीन कागज बनने लगा। मोटा भूरा कागज काफी मजबूत होता था और दुकानदार इसे मांस व सब्जी आदि पैक करने के लिए इस्तेमाल करने लगे; पर दुष्कर्म माना जानेवाला यह तरीका अधिक दिनों तक नहीं चल पाया। चंद महीने बाद ही पुराने शवों के संपर्क में आने के कारण उसके कर्मचारी हैजा के शिकार हो गए और स्टेनवुड को यह तरीका बंद करना पड़ा।

तब बहुत थोड़ा कागज बन पाता था और वह काफी महँगा भी होता था। उन्नीसवीं सदी में विलियम टावर नामक एक अमेरिकी ने एक नई तकनीक तैयार की, जिसमें लकड़ी की लुगदी तैयार की जाती थी। यह नई प्रक्रिया आसान भी थी और सस्ती भी। थोड़े ही समय में पूरे विश्व में इसे अपना लिया गया।

जो कागज पहले कम मात्रा में और बड़ी मुश्किल से उपलब्ध होता था, अब आसानी से उपलब्ध होने लगा और वह भी बड़ी मात्रा में और हर प्रकार का—मोटा, पतला, चिकना, रंगीन आदि।

इसके बाद कागज की वस्तुएँ उपलब्ध होने लगीं। सन् 1841 में एक व्यक्ति ने कागज का लिफाफा तैयार कर दिया। फिर तो इसका काफी इस्तेमाल होने लगा। सन् 1850 में कागज का बैग बनाया गया। सन् 1894 में कागज का बैग बनाने की स्वचालित मशीन तैयार कर ली गई, जिससे कागज की खपत भी बढ़ी और बैगों का इस्तेमाल भी खूब होने लगा।

कागज से संबंधित कई रोचक घटनाएँ हैं। पहले जब लोग फाउंटेन पेन से कागज पर लिखते थे तो कई बार कागज पर स्याही फैल जाती थी। उसे बड़ी मुश्किल से सुखाया जाता था। कभी-कभी उसपर रेत भी डालनी पड़ती थी। इस कारण लोग काफी परेशान थे और उसका हल ढूँढ़ने की कोशिश में थे। दूसरी ओर कागज बनाने की प्रक्रिया में सरेस लगाया जाता था। इससे कागज चिकना और लिखने लायक हो जाता था। एक बार इंग्लैंड के बर्कन शायर स्थित एक कागज मिल में कागज तैयार किया जा रहा था। भूलवश एक कर्मचारी ने कागज की एक गड्डी में सरेस नहीं मिलाया। जब वह कागज बनकर प्रबंधक के पास पहुँचा तो उसने उस कागज के सैंपल पर लिखकर उसकी जाँच की। उसने पाया कि इस कागज पर स्याही फैलकर तुरंत सूख जाती है। पहले तो उसे बड़ा गुस्सा आया और वह नुकसान के लिए जिम्मेदार कर्मचारी का वेतन काटने के लिए तैयार हुआ; पर थोड़ी देर में उसे खयाल आया कि इसका इस्तेमाल सोख्ता कागज के रूप में हो सकता है।

जब प्रबंधक ने उस कागज को बाजार में सोख्ता कागज के नाम से बेचा तो वह धड़ाधड़ बिक गया और गलती करनेवाले कर्मचारी को दंड के बजाय इनाम दिया गया।

धीरे-धीरे कागज का इस्तेमाल बहुत बढ़ने लगा। आज दफ्तर का एक क्लर्क दिन में किलो-दो किलो कागज या तो इस्तेमाल कर लेता है या रद्दी की टोकरी में फेंक देता है। उधर पेड़ कटकर कागज की भेंट चढ़ते रहे। पर्यावरणविदों ने शोर मचाना प्रारंभ कर दिया कि यदि कागज के इस्तेमाल की रफ्तार यही रही तो हर व्यक्ति सालाना आधा टन लकड़ी नष्ट करेगा और पेड़ों का अस्तित्व ही खतरे में पड़ जाएगा।

इलेक्ट्रॉनिक जगत् में विकास की बढ़ती गति ने इसपर अब रोक लगा दी है। खतों की जगह अब इ-मेल ले रहा है। दफ्तरों में मोटी-मोटी फाइलों के स्थान पर सारी सूचनाएँ फ्लॉपी व डिस्क पर आने लगी हैं। बैंकों व आधुनिक दफ्तरों में पेपरलेस कार्यप्रणाली पर जोर दिया जा रहा है।

फिलहाल कागज का इस्तेमाल कम अवश्य हुआ है, पर अभी कागज का अस्तित्व खतरे में पड़ गया है—यह नहीं कहा जा सकता।

□

लिफाफे

आज हम डाकघर से जो लिफाफा खरीदते हैं और पत्र लिखकर उसमें डालकर थोड़ा सा पानी लगाकर चिपका देते हैं, इसकी आविष्कार-गाथा भी कम रोचक नहीं है।

अमेरिका के महान् आविष्कारक थॉमस अल्वा एडीसन के सामने एक समस्या आई। जब भी उन्हें दो कागज चिपकाने होते थे तो इस प्रक्रिया में उनके हाथ में गोंद लग जाता था। इससे उन्हें बहुत बुरा लगता था। हाथ को साफ करने में उनका समय भी बरबाद होता था।

एडीसन ने अपने सहायक से कहा कि वह एक कागज पर गोंद लगाए और उसे सूख जाने दे। सूखने के बाद उसपर थोड़ा सा पानी लगाकर नम कर दिया तो वह कागज फिर से चिपकने लगा।

एडीसन के इस साधारण प्रयोग ने गोंद उद्योग की दुनिया में क्रांति ला दी। आज लिफाफे, टिकट आदि सभी इसी तरह से चिपकाए जाते हैं।

□

बैटरी

विद्युत् उत्पादन का पहला स्रोत बैटरी था, जो आज भी बड़े पैमाने पर इस्तेमाल होता है। इसमें रासायनिक क्रिया के जरिए विद्युत्धारा उत्पन्न की जाती है। इसमें अनेक सेल होती हैं।

पहले-पहल इटली के वैज्ञानिक सी.ए. वोल्टा ने अठारहवीं सदी के अंतिम दशक में रासायनिक क्रिया का प्रयोग करके बैटरी तैयार की थी। इसमें चाँदी की दो प्लेटें तथा जिंक की दो प्लेटें थीं, जो लवण के घोल में डुबोई गई थीं। प्लेटों और लवण के बीच हुई रासायनिक क्रिया से विद्युत्धारा उत्पन्न हो गई। इस सेल का नाम 'वोल्टाइक सेल' रखा गया।

अब वैज्ञानिक इस विद्युत् स्रोत को और अधिक प्रभावी बनाने में जुट गए। सन् 1836 में जे.एफ. डेनियल नामक अंग्रेज वैज्ञानिक ने बेहतर सेल तैयार किया, जो ज्यादा देर तक विद्युत्धारा प्रवाहित करता रहा। इस सेल का नाम 'डेनियल सेल' रखा गया। सन् 1860 में एक फ्रांसीसी वैज्ञानिक जॉर्ज लेकलांश ने नए तरीके का सेल तैयार किया, जिसे 'लेकलांश सेल' का नाम दिया गया।

इसके बाद बैटरी में और सुधार किए जाते रहे। सूखे सेल तैयार किए गए, जो टॉर्च आदि में काम आते हैं। दुबारा चार्ज होनेवाली बैटरी तैयार की गई, जो सौर

संयंत्रों में बड़े पैमाने पर इस्तेमाल होती है। पहले बैटरियों की काफी देखरेख करनी पड़ती थी। अब ऐसी भी बैटरियाँ आ गई हैं, जिनमें न तो पानी डालना पड़ता है और न जिनकी अन्य किसी तरह की देखरेख करनी पड़ती है।

आज भी बैटरियों का प्रयोग दिन-पर-दिन बढ़ता जा रहा है।

□

थर्मामीटर

मनुष्य गरम खूनवाला प्राणी है। इसके शरीर का तापमान सामान्य तौर पर 98.4 डिग्री फॉरेनहाइट होता है। हम जो कुछ भी खाते हैं वह शरीर में विभिन्न रासायनिक प्रतिक्रियाओं द्वारा जलता है और उस ताप से यह तापमान निरंतर बना रहता है।

मनुष्य को यह ज्ञान प्राचीन काल में ही हो गया था कि अगर शरीर रोगग्रस्त हो जाएगा तो इसका असर इसके तापमान पर पड़ेगा। अतः प्राचीन काल से ही चिकित्सक ऐसे उपकरण की तलाश में थे जो मनुष्य के शरीर के तापमान को ठीक-ठीक बता सके। इस दिशा में पहले-पहल सफलता गैलीलियो नामक इटली के खगोल-विज्ञानी को मिली। उसने पहली बार थर्मामीटर तैयार किया, जिसे 'थर्मोस्कोप' नाम दिया गया; पर इसके द्वारा सही तापमान ज्ञात नहीं हो पाता था।

सन् 1641 में अल्कोहल का प्रयोग करके थर्मामीटर तैयार किया गया। इसके द्वारा मापा गया तापमान काफी हद तक सही होता था। अठारहवीं सदी में पारे के थर्मामीटरों का निर्माण होने लगा।

आज शरीर का तापमान नापने के लिए हम जिस थर्मामीटर का प्रयोग करते हैं, उसे क्लीनिकल थर्मामीटर या डॉक्टरी थर्मामीटर कहते हैं। यह फॉरेनहाइट पैमाने पर होता है। इसमें नीचे एक घुंडी में पारा भरा होता है। घुंडी को मनुष्य की जीभ

के नीचे रखा जाता है। पारे का तापमान ज्यों ही बढ़ता है त्यों ही वह ऊपर नली में चढ़ता है और हम पैमाने पर उसको नाप लेते हैं।

इसकी नली बीच में एक जगह सँकरी होती है। इस कारण तापमान कम हो जाने पर भी पारा वापस नीचे नहीं आता है। उसे नीचे लाने के लिए झटका देना पड़ता है। □

एयर कंडीशनर

आज जब गरमियों में हम बाहर से त्रस्त होकर आते हैं तो वातानुकूलित कमरे की ठंडी हवा हमें बड़ा सुख देती है। पर मजे की बात यह है कि वातानुकूलन संयंत्र, जिसे आम भाषा में ए.सी. (एयर कंडीशनर) कहा जाता है, हवा को ठंडा करने के लिए नहीं, वरन् उसे सुखाने के लिए तैयार किया गया था।

एयर कंडीशनर का आविष्कार सन् 1902 में विलियम कैरियर ने किया था। कैरियर एक छपाई उद्योग में काम करता था, जहाँ ज्यादातर चित्र छापे जाते थे। उस कारखाने में अंदर बहुत नमी रहती थी, इस कारण कागज गीले हो जाते थे तथा उनपर चित्र सही रूप में नहीं छप पाते थे। कंपनी के मालिक ने विलियम कैरियर को यह दायित्व दिया कि वह ऐसा इंतजाम करे कि इस अनावश्यक नमी से मुक्ति मिले और छपाई कार्य ठीक से हो सके।

एक दिन विलियम कैरियर रेलवे स्टेशन के प्लेटफॉर्म पर टहल रहा था। उस समय चारों ओर कुहरा छाया हुआ था। कुहरे को देखकर उसके मन में विचार आया कि यह कुहरा तो दरअसल पानी की भाप है। यदि हवा थोड़ी और ठंडी हो जाएगी तो यह कुहरा पानी की बूँदें बन जाएगा।

कैरियर ने एक ऐसी मशीन तैयार की, जो हवा को ठंडा करती थी। अब

छापेखाने में ठंडी हवा जाने लगी और छपाई की समस्या का हल निकल आया।

धीरे-धीरे ठंडा करने की मशीन का महत्त्व लोगों को समझ में आने लगा। इसका प्रयोग दफ्तरों, घरों, थिएटरों आदि को ठंडा करने में होने लगा। लॉस एंजेल्स में विश्व का पहला थिएटर सन् 1921 में वातानुकूलित बना। सन् 1928 में सेंट अंटोनियो (टेक्सास) में विश्व का पहला वातानुकूलित दफ्तर तैयार हुआ।

□

कॉलबेल

पहले किसी के घर जाने पर दरवाजा खुलवाने के लिए उसे खटखटाना पड़ता था। खटखटाने की आवाज बाहर ज्यादा गूँजती थी और अंदर कम जा पाती थी। तब अड़ोस-पड़ोस के लोगों को तो पता चल जाता था कि कोई आया है, पर घरवालों को कई बार काफी देर से पता चल पाता था।

इस प्रक्रिया में ऊर्जा भी अनावश्यक व्यय होती थी और अटपटा भी लगता था। अतः आविष्कारकों ने इसका हल शीघ्र ही निकाल लिया। ज्यों ही विद्युत्धारा से चुंबकत्व पैदा करने की कला विकसित हुई त्यों ही विद्युत् घंटी का सर्किट तैयार कर लिया गया। पहले-पहल सामान्य किस्म की घंटी तैयार हुई जिसमें एक पुश बटन था। बटन दबाते ही विद्युत्धारा बहती थी, कॉयल के अंदर चुंबकत्व विकसित हो जाता था और वह आर्मेचर को अपनी ओर आकर्षित कर लेता था। आर्मेचर का दूसरा सिरा एक छोटी सी हथौड़ी से जुड़ा होता था, जो एक कटोरी पर चोट करती थी।

ज्यों ही चोट पड़ती थी, विद्युत् परिपथ टूट जाता था। दुबारा बटन दबाने पर पुनः यह प्रक्रिया होती थी। इस तरह दरवाजा खुलवाने का यह विशिष्ट तरीका विकसित हो गया।

ज्यों-ज्यों इलेक्ट्रॉनिक्स का विकास होता गया त्यों-त्यों इस घंटी में भी सुधार होता गया। हालाँकि इसका मूल सिद्धांत अभी भी वही है, पर अब टन-टन के स्थान पर मधुर ध्वनि, जैसे—चिड़िया की आवाज, कोई गीत-धुन आदि सुनाई देती है।

□

अलार्म घड़ी

समय की गणना की आवश्यकता मनुष्य को प्रारंभ से ही महसूस होती रही है। इसके लिए उसने तरह-तरह के उपाय प्रारंभ से ही शुरू कर दिए। उसने धूप घड़ी बनाई, जिसकी डंडी की छाया समय बता देती थी, पर बादल इसे निष्क्रिय कर देते थे।

इसके बाद ऐसी मोमबत्तियाँ बनाई गईं जो चिह्नित थीं। ज्यों-ज्यों उनका मोम पिघलकर नीचे गिरता था त्यो-त्यों समय का पता चलता था। मोम का निशान समय का लगभग अंदाजा दे देता था।

इसके बाद पानी और रेत को निश्चित गति से गिराया जाने लगा और उससे समय की गणना की जाने लगी। यह विधि काफी हद तक ठीक समय बता देती थी। इनके आधार पर चर्च और मसजिदों में घंटा बजाया जाता था।

सन् 1335 में इटली के मिलान नामक स्थान पर विस्कोंटी पैलेस की चैपल टावर पर यांत्रिक घड़ी लगाई गई। इसके साथ ही यांत्रिक घड़ियों का युग प्रारंभ हो गया। बाद में गैलीलियो ने पेंडुलम का इस्तेमाल करके धड़ी बनाई। इस पेंडुलम की गेंद लगातार गतिशील रहती थी और इससे टिक-टिक की आवाज भी आती थी।

लियोनार्दो द विंची ने अलार्म घड़ी की कल्पना की। उसके अनुसार, जब पानी फनैल से होकर रिसीवर में जाएगा तो संतुलन बिगड़ जाएगा तथा पानी पहले रिसीवर में आएगा और सो रहे व्यक्ति के पैरों पर जा गिरेगा। इससे वह व्यक्ति जाग

जाएगा। हालाँकि यह सोए हुए को जगाने का बड़ा भद्दा तरीका था, लेकिन यह लोगों को पसंद आ गया।

लियानार्दो के बाद इससे बेहतर तरीका तैयार करने के प्रयास किए गए। ई-जेड अलार्म घड़ी सन् 1880 में तैयार की गई, जो कमरे की छत पर लटकी रहती थी और निश्चित समय पर घड़ी का एक हिस्सा निकलकर बिस्तर पर गिर जाता था। कई बार यह मनुष्य के शरीर के नाजुक अंग पर भी गिर जाता था। अतः यह खतरनाक माना जाता था। फिर भी इसे पेटेंट करा लिया गया।

इस ई-जेड घड़ी के पेटेंट होने से एक सौ एक वर्ष पूर्व ही, अर्थात् सन् 1787 में लेवी हुचिंस ने एक घड़ी तैयार की। वह घड़ी काफी बड़े आकार की थी। उसकी लंबाई 29 इंच और चौड़ाई 14 इंच थी। वह काम करती थी और निश्चित समय पर आवाज निकालकर अलार्म भी देती थी।

पर हूचिंस ने उसे पेटेंट कराने का प्रयास नहीं किया। वह उस घड़ी की सहायता से समय पर उठ अवश्य जाता था। उसके बाद अनेक लोगों ने इसमें सुधार किए। कुछ ने संगीत भी जोड़ दिया, अर्थात् निश्चित समय पर व्यक्ति को जगाने के लिए संगीत बजने लगता था।

ई-जेड घड़ी की ही तरह अनेक आविष्कारकों ने व्यक्ति को जगाने के विचित्र तरीके तैयार किए। एक आविष्कारक ने निश्चित समय पर सोए व्यक्ति को बिजली के झटके द्वारा जगाने का प्रयास किया। एक आविष्कारक ने इंतजाम किया कि निश्चित समय पर बिस्तर झटका खाने लगेगा। एक आविष्कारक ने तो ऐसा यंत्र बनाया कि निश्चित समय पर पलंग उलटा हो जाएगा।

उपर्युक्त विचित्र तरीके उन्हीं के लिए थे, जो आसानी से नहीं जागते थे। आज इलेक्ट्रॉनिक अलार्म घड़ियाँ उपलब्ध हैं, जो मधुर संगीत भी सुनाती हैं।

□

विद्युत् बल्ब

सन् 1875 से पूर्व रात होते ही घरों में मोमबत्तियाँ, लालटेनें तथा गैस के हंडे (पेट्रोमैक्स) जला दिए जाते थे, जो बहुत ज्यादा रोशनी नहीं कर पाते थे। मनुष्य खाना खाकर और जरूरी काम निपटाकर जल्दी ही सो जाता था। रात में किसी तरह का कारोबार करना संभव नहीं था।

उन्नीसवीं सदी के मध्य में बिजली के बल्बों का विकास प्रारंभ हुआ। अनेक वैज्ञानिकों ने बल्ब बनाए और उन्हें बैटरी के द्वारा प्रकाशित करने का प्रयास किया; पर ये बल्ब बहुत जल्दी ही फ्यूज हो जाते थे।

प्रख्यात वैज्ञानिक थॉमस अल्वा एडीसन ने बिजली उत्पादन, बिजली के सस्ते वितरण के तरीके तैयार करने के अलावा बिजली से जलनेवाला बल्ब भी तैयार किया। इसमें फिलामेंट के स्थान पर कार्बोनाइज्ड थ्रेड (धागा) का प्रयोग किया गया था। यह बल्ब काफी देर तक जलता था। इसके साथ ही जो क्रांति का दौर प्रारंभ हुआ, उसे 'ज्योति क्रांति' का नाम दिया जा सकता है।

उन्नीसवीं सदी के नौवें दशक में न्यूयॉर्क में पहला पावर प्लांट लगाया गया और सन् 1882 में शहर में विद्युत् वितरण का कार्य प्रारंभ हो गया। अब विद्युत् बल्ब घर-घर में प्रकाश फैलाने लगे। बीसवीं सदी के प्रथम दशक में मरकरी लैंप विकसित हुए, पर शीघ्र ही टंगस्टन हैलोजन लैंप विकसित हो गए, जो काफी समय

तक प्रयोग में आए। आज भी ये बल्ब खूब प्रयोग में आते हैं।

साधारण बल्ब में बिजली की खपत ज्यादा होती है। इस कारण ये जल्दी गरम भी हो जाते हैं। अब ऐसे लैंपों का विकास किया गया, जो 20 प्रतिशत विद्युत् ऊर्जा का प्रयोग करके उतनी ही रोशनी दें जितनी कि एक बल्ब देता है। इस क्रम में फ्लोरेसेंट लैंपों का विकास किया गया। कम ऊर्जा की खपतवाले लैंप कम गरमी पैदा करते हैं और इस कारण उन्हें 'ठंडा लैंप' भी कहा जाता है।

दरअसल, फ्लोरेसेंस वह प्रक्रिया है, जिसमें कुछ पदार्थ ऊर्जा ग्रहण करके प्रकाश देते हैं। ज्यों ही ऊर्जा का स्रोत हट जाता है त्यों ही रोशनी का आना बंद हो जाता है। जुगनू आदि जो प्रकाश देते हैं, उन्हें बायोफ्लोरेसेंस कहा जाता है।

फ्लोरेसेंस की जानकारी वैज्ञानिकों को आज से लगभग चार-पाँच सौ वर्ष पूर्व ही हो चुकी थी; पर यह प्रक्रिया कैसे होती है—यह जानकारी सन् 1852 में जॉर्ज जी. स्टोक्स ने दी।

पहले-पहल फ्लोरेसेंट लैंप सन् 1938-39 में विकसित किए गए। उन्हें न्यूयॉर्क के विश्व मेले में प्रदर्शित किया गया। ये लैंप ज्यादा चलते हैं और दफ्तरों, कारखानों आदि में ज्यादा प्रयोग में आते हैं।

□

टेलीविजन

आज टेलीविजन आबालवृद्ध नारी-नर—सभी के बीच खासा लोकप्रिय है। हर व्यक्ति प्रतिदिन एक-दो घंटे तो टेलीविजन अवश्य देखता है। यदि व्यक्ति की औसत आयु सत्तर वर्ष मानी जाए तो वह पूरे जीवन में सात-आठ वर्ष टी.वी. अवश्य देखता है।

प्राचीन काल से ही मनुष्य की कल्पना रही है कि वह घर बैठे दूर की चीज देख और पढ़ ले। इस दिशा में पहला कदम सन् 1862 में तब उठा जब इटली के एक पादरी आबे कासेली ने टेलीग्राफ की तारों पर तसवीर भेजने का इंतजाम कर लिया। इस संयंत्र से दूर की तसवीरें और हस्तलिखित संदेश प्राप्त हो जाते थे। हालाँकि ये संदेश और चित्र छोटे-छोटे डॉटों और डैशों के संकलन से बनते थे और साफ नहीं होते थे। फिर भी कासेली को पहली फैक्स मशीन का आविष्कारक माना जाता है।

इसके साथ फोटो इलेक्ट्रिक प्रभाव का भी पता चला तथा प्रकाश की किरणों से विद्युत्धारा उत्पन्न करना संभव हो गया। रोएंटजेन द्वारा एक्स-रे का आविष्कार हुआ और उसके बाद एक ट्यूब बनाई गई, जिसपर इलेक्ट्रॉन की बौछार से प्रकाश उत्पन्न करना संभव हो गया।

सन् 1921 से 30 के दशक में अनेक लोग टेलीविजन तैयार करने में जुट गए।

इंग्लैंड में जॉन बेयर्ड, अमेरिका में फिलो फार्न्सवर्थ तथा रूसी वैज्ञानिक ब्लादीमीर जोरकिन अलग-अलग जगह अलग-अलग प्रयासों में जुटे थे।

सन् 1924 में जॉन बेयर्ड अपने उपकरण के विकास में जुटा था, जिसे वह टेलीविजर के नाम से पुकारता था। उसके उपकरण में एक खाली बिस्कुट का डिब्बा, सुइयाँ, एक मोटर साइकिल की लाइट का लेंस आदि थे। इस अजीबोगरीब उपकरण की सहायता से फरवरी 1924 में बेयर्ड ने अपने टेलीविजन के परदे पर एक धुँधली तसवीर लाने में सफलता प्राप्त कर ली। इस पहले टी.वी. में दस फीट दूर से कैमरा द्वारा खींची गई तसवीर ट्रांसमिट की गई थी।

जब असंभव माना जानेवाला टेलीविजन संभव हो गया तो जॉन बेयर्ड को एक दुर्घटना का सामना करना पड़ा। एक बड़े विस्फोट के कारण उसकी प्रयोगशाला नष्ट हो गई। अब उसने एक छोटे से कमरे में प्रयोग करना प्रारंभ किया।

अक्तूबर 1925 में बेयर्ड को एक और सफलता मिली। उसने कैमरे के सामने एक चित्र रखा और उसे वहाँ से प्रसारित किया। जब उसने अपने रिसीवर को सेट किया तो पाया कि वह चित्र रिसीवर में आ रहा है।

जॉन बेयर्ड की प्रसन्नता का ठिकाना न रहा। अब उसने फैसला किया कि वह वास्तविक व्यक्ति की तसवीर ट्रांसमिट करेगा। वह भागकर नीचे पहुँचा और किसी उपयुक्त व्यक्ति को तलाशने लगा। उसे पंद्रह वर्ष का एक लड़का विलियम रेंटन मिला। उसे किसी तरह पकड़कर वह अपने वर्कशॉप में ले आया।

बेयर्ड ने विलियम को ट्रांसमीटर के कैमरे के सामने बैठाया और दूसरे कमरे में जाकर अपने टेलीविजन की स्क्रीन को सेट करने लगा; पर स्क्रीन लगातार खाली आ रहा था। परेशान बेयर्ड वापस कैमरावाले कमरे में आया तो देखा कि वह लड़का तेज रोशनी से डरकर एक किनारे अलग खड़ा हो गया था। बेयर्ड ने उस लड़के को कुछ रुपए दिए और उसे पुनः कैमरे के सामने खड़ा किया। जब वह वापस दूसरे कमरे में गया तो उस लड़के का चेहरा स्क्रीन पर साफ दिखाई दे रहा था। इस प्रकार टेलीविजन के परदे पर आने की परंपरा रिश्वत लेकर प्रारंभ हुई।

पर जॉन बेयर्ड के टेलीविजन में तमाम खामियाँ थीं। बाद में अमेरिकी वैज्ञानिक फिलो फार्न्सवर्थ तथा ब्लादीमीर जोरकिन ने उत्कृष्ट संयंत्र बनाया और चलाया। जॉन बेयर्ड को टेलीविजन का काम छोड़कर दूसरा काम प्रारंभ करना पड़ा। दुनिया को मनोरंजन का अनोखा साधन प्रदान करनेवाला जॉन बेयर्ड अंतिम दिनों में दुःखी रहा। उसका देहांत अल्पायु में ही हो गया।

पर टेलीविजन के निर्माण में दिन दूनी रात चौगुनी प्रगति हुई। बने-बनाए

टी.वी. भी मिलने लगे और ऐसी किटें भी मिलने लगीं, जिन्हें आदमी खुद जोड़ सकता था। ये किटें मात्र 36 डॉलर में उपलब्ध होने लगीं, जबकि बने-बनाए टी.वी. 80 से 160 डॉलर में मिलते थे। सन् 1931 में ही अमेरिका में 30,000 टी.वी. सेट उपलब्ध हो गए थे।

सन् 1941 में अमेरिका में रंगीन टी.वी. प्रसारण प्रयोग के तौर पर प्रारंभ हुआ था। सन् 1951 में नियमित प्रसारण होने लगा। बाद में सीधा प्रसारण भी प्रारंभ हो गया। उधर भारत में सन् 1982 में एशियाई खेलों के समय रंगीन प्रसारण प्रारंभ हुआ। एक समय ऐसा आया, जब प्रतिदिन देश के किसी-न-किसी भाग में टी.वी. ट्रांसमीटर स्थापित किया जाता था।

आज टी.वी. के सौ से अधिक चैनल उपलब्ध हैं। हर प्रकार की सूचना, समाचार, मनोरंजन आदि इससे उपलब्ध हो जाते हैं। भविष्य में टी.वी. और भी उपयोगी होता चला जाएगा।

□

प्रेशर कुकर

आज प्रेशर कुकर हर गृहिणी की रसोई का हिस्सा है, पर इसके विकास में और लोगों द्वारा इसे स्वीकार किए जाने में काफी समय लगा।

प्रेशर कुकर के विकास का काम सन् 1670 के दशक में रॉबर्ट बॉयल नामक वैज्ञानिक ने प्रारंभ किया था। उन्होंने हवा के दबाव आदि पर काम किया तथा एयर पंप भी तैयार किया था। उन्होंने दुनिया को यह जानकारी दी कि किसी भी तरल पदार्थ के उबलने का तापमान हवा के दबाव पर निर्भर करता है। यदि हवा का दबाव कम होगा तो उबलना कम तापमान पर प्रारंभ हो जाता है और यदि दबाव ज्यादा है तो यह ज्यादा तापमान पर उबलता है।

रॉबर्ट बॉयल ने स्टीम डाइजेस्टर नाम का उपकरण बनाने का प्रयास किया, जो प्रेशर कुकर के सिद्धांत पर ही आधारित था, पर वे उसे व्यावहारिक रूप नहीं दे पाए।

इसके सवा सौ साल से भी अधिक समय बाद सन् 1802 में ऑस्ट्रिया के एक वैज्ञानिक ने पहला कामचलाऊ प्रेशर कुकर तैयार किया। प्रारंभ में उसे लोगों ने स्वीकार नहीं किया। बेचारे आविष्कारक ने अपने प्रेशर कुकर में तरह-तरह के व्यंजन बनाकर लोगों को मुफ्त दावतें खिलाईं और समझाया कि इसमें हवा का ऊँचा

दबाव बनाया जाता है तथा इसके अंदर की भाप ज्यादा तापमानवाली होती है। इसलिए यह जल्दी व स्वादिष्ट भोजन तैयार कर देता है, जिसके पौष्टिक तत्त्व बरकरार रहते हैं।

इन महत्त्वों को समझने में लोगों को लगभग सौ वर्ष लग गए। बीसवीं सदी में प्रेशर कुकर खूब लोकप्रिय हो पाया।

□

फोर्क (काँटे)

आज पश्चिमी देशों में लोग चम्मच, छुरी, काँटे (फोर्क) से ही खाना खाते हैं। हमारे देश में भी इन छुरी-काँटों का प्रयोग तेजी से बढ़ रहा है। छुरी-काँटों से खाना खाने की परंपरा तो बाद में प्रारंभ हुई, काँटों का दूसरी तरह से प्रयोग पहले ही प्रारंभ हो गया था।

अनुमान है कि पहले मध्य-पूर्व के देशों के लोग काँटों का इस्तेमाल खाने में करने लगे। तुर्की के कुस्तुनतुनिया शहर की एक लड़की इटली के युवक से शादी करके जब अपनी ससुराल गई तो अपने साथ काँटे भी ले गई। उसकी ससुराल में जब लोग हाथ से खाना खा रहे थे तो उसने अपने दो हुकवाले काँटे से खाना प्रारंभ किया। वह छुरी-काँटों से मांस को आसानी से टुकड़े-टुकड़े कर लेती थी और आराम से खाती थी, जबकि बाकी लोगों को मांस टुकड़े करके खाने में मशक्कत करनी पड़ती थी और उनके हाथ भी गंदे हो जाते थे।

इस तरह ग्यारहवीं शताब्दी में छुरी-काँटों से खाने का रिवाज यूरोप में पहुँचा। तेरहवीं सदी में इंग्लैंड के राजा एडवर्ड प्रथम ने पहले-पहल काँटे का इस्तेमाल किया, पर वे काँटे शीशे के थे।

पंद्रहवीं सदी में पूरे यूरोप में काँटों से खाने का रिवाज चल पड़ा। अंग्रेज आमतौर पर परंपरावादी होते हैं। उन्होंने काँटों का इस्तेमाल देर से प्रारंभ किया।

पहले वे दो छुरियों के सहारे खाना खाया करते थे। एक छुरी से मांस काटते थे और दूसरी छुरी से मांस को मुँह में डालते थे। बाद में वे भी काँटों का इस्तेमाल करने लगे। सत्रहवीं सदी तक बिना छुरी-काँटों के खाने की कल्पना करना कठिन हो गया।

जब अंग्रेज हमारे देश में आए तो छुरी-काँटों की परंपरा साथ लेकर आए। यहाँ के आभिजात्य वर्ग ने इस परंपरा की नकल प्रारंभ की। फलतः यहाँ भी छुरी-काँटों से खाने का प्रचलन अब जोर पकड़ता जा रहा है।

□

ड्रिंकिंग स्ट्रॉ

हम अकसर बच्चों व बड़ों को एक पतली नली के जरिए शीतल पेय पीते हुए देखते हैं। इसके सहारे धीरे-धीरे शीतल पेय पीने का एक अलग ही आनंद है। यह चलन अत्यंत पुराना है। अनेक वनस्पतियाँ ऐसी हैं, जो इसी तरह खोखली होती हैं और लोग इनके जरिए प्राचीन काल में शीतल पेय का आनंद लिया करते थे।

सन् 1888 से पूर्व ही मार्विन स्टोन ने वाशिंगटन में अपनी फैक्टरी लगाई, जिसमें वह कागज के सिगरेट-खोल बनाया करता था। एक दिन वह अपने कामकाज के सिलसिले में बाहर गया तो उसे जोर की प्यास लगी। वह पास में ही शीतल पेय की एक दुकान में गया, जहाँ दुकानदार ने शीतल पेय के साथ वनस्पति की पाइप दी। स्टोन ने उससे जब पेय पिया तो उसे मजा नहीं आया। वह पिलपिला भी था तथा उससे घास की महक भी आ रही थी।

अब स्टोन सोचने लगा कि क्या किया जाए। काफी सोचने के बाद उसे ध्यान आया कि उसका सिगरेट का पाइप भी तो इस स्ट्रॉ जैसा ही है। अब उसने कागज को पेंसिल के चारों ओर लपेटा और फिर उन्हें चिपकाया। नए तैयार हुए स्ट्रॉ उसने पास के कोल्ड ड्रिंक स्टोर में भेजे।

स्टोन बीच-बीच में उस स्टोर में शीतल पेय पीने जाता तो स्टोर का मालिक

उसे कागज की स्ट्रॉ ही देता था। यह देखकर अन्य ग्राहकों ने भी कागज की स्ट्रॉ माँगनी प्रारंभ कर दी।

अब स्टोन इस स्ट्रॉ की डिजाइन में सुधार करने लगा। उसने इसकी सही लंबाई का आकलन किया, ताकि यह आम ग्लास की तली तक पहुँचे। इसके साथ इस नली का व्यास इतना रखा कि नीबू का बीज या रेशे इसके अंदर से होकर न जा सकें। साथ ही कागज की बनी स्ट्रॉ के ऊपर मोम की परत भी जमाई, ताकि वह ज्यादा दिन चल सके।

मार्विन स्टोन ने इस पतली नली को पेटेंट भी करा लिया और जोर-शोर से इसका उत्पादन शुरू कर दिया। यह स्ट्रॉ पूरे विश्व में लोकप्रिय हो गई। इससे शीतल पेय पीने का अलग ही आनंद मिलने लगा। साथ ही सफाई और स्वाद भी बरकरार रहने लगा।

□

कॉफी बनाने की मशीन

विचित्र स्वादवाली कॉफी की खोज भी विचित्र तरीके से हुई थी। इथियोपिया के एक गड़रिये काल्डो ने देखा कि जब भी एक झाड़ी पर उगनेवाली लाल-लाल बेरियाँ उसकी बकरियाँ खाती थीं तो बेचैन हो जाती थीं।

एक बार रात को उसे वहाँ अकेले रुकना पड़ा। तब उसने वही बेरियाँ खाने का प्रयास किया, पर वे बहुत कड़ी थीं। उसने उन्हें उबाला और उनका क्वाथ पी गया। उसने विचित्र सी ताजगी महसूस की। वह काफी देर तक जागता रहा।

बाद में काल्डो उन बेरियों को अपने घर ले गया और उनका काढ़ा बनाकर सभी परिजनों के साथ पीया। यह स्वाद सभी को भाया। धीरे-धीरे कांल्डो के गाँव कावा के नाम पर इसे वनस्पति का नाम 'कॉफी' पड़ा। लगभग सभी भाषाओं में थोड़ा-बहुत तोड़ने-मरोड़ने के बावजूद इसे 'कॉफी' ही कहा जाता है।

कॉफी पीने का प्रचलन बारह सौ वर्ष पुराना है। पहले जिस तरीके से कॉफी बनाई जाती थी, वह ज्यादातर लोगों को पसंद नहीं थी। आम गृहिणियाँ कॉफी के टुकड़े एक छोटे बैग में डालती थीं और फिर इस बैग को उबलते पानी में डालती थीं। इस तरह कड़वे स्वादवाली कॉफी तैयार हो जाती थी। इसमें कॉफी के छोटे-छोटे टुकड़े ऊपर तैरते रहते थे।

सन् 1908 में एक जर्मन गृहिणी मेलिटा बेंज ने नए तरीके से कॉफी बनाना प्रारंभ किया। उसने ब्लॉटिंग पेपर (स्याही सोख्ता) की एक शीट से गोलाकार टुकड़ा काट लिया। इसके बाद उसने पीतल का एक बरतन लिया, जिसमें छोटे-छोटे छेद थे। उस महिला ने कॉफी के टुकड़े कागज में रखे और कागज उस पीतल के बरतन में रखा। पीतल का बरतन कॉफी बनानेवाले बरतन के ऊपर लटका दिया। अब पानी उबलने लगा और धीरे-धीरे पीतल के बरतन तक जाने लगा। धीरे-धीरे कॉफी का रंग पानी में आने लगा।

कुछ देर में कॉफी तैयार हो गई। इस बार यह उतनी कड़वी नहीं थी। कॉफी के टुकड़े कागज में ही रह गए, कॉफी के कप तक नहीं पहुँच पाए। कॉफी का स्वाद कुल मिलाकर आनंददायक था।

मेलिटा बेंज तो प्रसन्न हुई ही, उसका पति ह्यूगो भी बहुत प्रसन्न हुआ। उसने एक लोहार नियुक्त करके छोटे-छोटे छेदवाले कॉफी के दर्जनों पॉट बनवाने प्रारंभ कर दिए। वह उन्हें मेलिटा कॉफी मेकर के नाम से बेचने लगा।

सन् 1909 में बेंज दंपती ने अपने इस उत्पाद को स्थानीय व्यापार मेले में प्रदर्शन एवं बिक्री के लिए रखा। यहाँ पर 1200 कॉफी मेकर देखते-देखते ही बिक गए। आज इस मशीन के आविष्कार के पंचानबे वर्ष से भी अधिक बीतने के बावजूद यह काफी लोकप्रिय है और दुनिया के डेढ़ सौ से भी ज्यादा देशों में इस तरीके से कॉफी बनाई जाती है।

□

माइक्रोवेव ओवन

सन् 1946 में पर्सी स्पेंसर नामक अंग्रेज वैज्ञानिक अपने रेडार के सेट पर काम कर रहे थे। अचानक उन्हें भूख महसूस हुई। उन्हें याद आया कि उनकी जेब में एक चॉकलेट बार थी। उसे निकालने के लिए जब उन्होंने जेब में हाथ डाला तो वहाँ उन्हें चॉकलेट बार के स्थान पर मुलायम चॉकलेट का गोला-सा मिला।

स्पेंसर को आश्चर्य हुआ। उनका कमरा इतना गरम नहीं था। आखिर चॉकलेट पिघली कैसे? वास्तव में स्पेंसर ब्रिटिश सेना के रेडार सेट पर काम कर रहे थे और पास में ही मैग्नेट्रॉन था। इस मैग्नेट्रॉन से निकलनेवाली पावर रेडार को चला रही थी। स्पेंसर को शक हुआ कि माइक्रोवेव से उनकी चॉकलेट बार पिघली होगी।

अपने शक को यकीन में बदलने के लिए स्पेंसर ने मक्का के दाने लाकर मैग्नेट्रॉन के पास रखे। थोड़ी ही देर में दानों से पॉपकॉर्न बनने लगे और चटखने की आवाज आने लगी।

अगले दिन वे एक केतली लाए और उसमें पानी भरकर माइक्रोवेव से गरम करने लगे। उस केतली में उन्होंने कच्चे अंडे डाले, जो थोड़ी ही देर में न सिर्फ उबल गए वरन् एक अंडा फट भी गया। केतली में अंडे की जर्दी छितरा गई और इसका कुछ हिस्सा पास खड़े इंजीनियर के चेहरे पर भी जाकर गिरा। अब स्पेंसर

को विश्वास हो गया कि अत्यंत सूक्ष्म तरंगों, अर्थात् माइक्रोवेव, में खाना बड़ी आसानी से पकाया जा सकता है।

इसके बाद स्पेंसर ने अध्ययन जारी रखा और अनेक तथ्यों की खोज कर डाली। उसने उद्‌घाटित किया कि भोजन में मौजूद जल-अणुओं को माइक्रोवेव तेजी से हिलाता है। इस हिलने से ताप-ऊर्जा उत्पन्न होती है तथा यह ताप पूरे खाद्य पदार्थ में फैलता चला जाता है। पॉपकॉर्न चटखने लगते हैं, क्योंकि उसके अंदर का पानी तेजी से फैलता है। कच्चा अंडा फूट जाता है, क्योंकि उसके अंदर का पानी भाप बनकर दबाव बनाता है। पर सूखी चीजों पर माइक्रोवेव का कोई असर नहीं होता है। यदि साथ में शीशे का बरतन, कागज, प्लास्टिक आदि हो तो वह ज्यों-का-त्यों रहता है। दूसरी ओर माइक्रोवेव किरणें धातु से टकराकर स्पार्क उत्पन्न करती हैं। इससे आग भी लग सकती है।

हालाँकि पर्सी स्पेंसर ने स्कूली शिक्षा भी पूरी नहीं की थी, पर उसने रेथॉन संस्थान में लगातार प्रयोग करके उनतालीस साल में 120 पेटेंट हासिल किए। उसने वहाँ पर माइक्रोवेव चालित खाना पकाने का उपकरण भी बनाया। सन् 1953 में तैयार यह माइक्रोवेव ओवन 340 किलोग्राम वजन का था और इसका आकार रेफ्रिजरेटर के बराबर था। इसका दाम 3,000 डॉलर रखा गया था। इस कारण इसे सिर्फ होटलों, रेस्तराँ तथा रेल कैटरिंगवालों ने ही खरीदा।

अगले दो दशकों में इस माइक्रोवेव ओवन में बहुत से सुधार किए गए। इसके मैग्नेट्रॉन का आकार छोटा किया गया, इसे और सरल बनाया गया तथा उसे ओवन के पीछे लगा दिया गया। अब पाइप से अंदर माइक्रोवेव आने लगी और खाद्य पदार्थ तक पहुँचने लगी।

अब टेलीविजन के आकार के ओवन आने लगे हैं और आम गृहिणी की रसोई की शोभा बढ़ाने लगे हैं। इसकी कीमत घटते-घटते 200 डॉलर से भी कम हो गई। अब यह बरतन धोने की मशीन की तरह आम हो गया है। माइक्रोवेव ओवन मिनटों में खाना तैयार करने के काम आता है।

□

रसोई के लिए ईंधन

हजारों साल पहले ही मनुष्य ने खनिज तेल का पता लगा लिया था। लोग गड्ढा खोदकर चट्टानों के नीचे से पेट्रोलियम निकाल लेते थे। प्राचीन काल में पेट्रोलियम न सिर्फ इस्तेमाल होता था, बल्कि इससे बने अन्य पदार्थ, जैसे ग्रीज आदि का भी इस्तेमाल होता था। रथों की धुरियों से लेकर अनेक प्रकार के जोड़ों में ग्रीज का इस्तेमाल होता था।

चीन के निवासी दो हजार वर्ष पूर्व ही जमीन खोदकर तेल निकालने लगे थे। सन् 1850 में खनिज तेल से किरासन तेल बनाने की कला विकसित हो गई थी। इस किरासन तेल का इस्तेमाल लैंपों, स्टोवों आदि में होता था।

खाना बनाने के लिए भारत में पहले प्रायः लकड़ी, गोबर के उपले, कोयले आदि का उपयोग होता था, जो ज्यादा धुआँ देते थे और कम ऊर्जा प्रदान कर पाते थे। किरासन तेल का स्टोव अपेक्षाकृत आसान और उपयोगी था। किसान किरासन तेल का उपयोग अपने ट्रैक्टर व अन्य उपकरणों में भी करते थे।

सन् 1859 में अमेरिका के एडविन ड्रेक ने व्यावसायिक रूप से तेल का पहला कुआँ खोदा। तेल की पहली पाइप लाइन मात्र 8 किलोमीटर लंबी थी। आज तो तेल की हजारों किलोमीटर लंबी पाइप लाइनें उपलब्ध हैं।

सन् 1913 में बर्टन क्रेकिंग प्रक्रिया तैयार कर ली गई, जिससे खनिज तेल से

गैसोलीन तैयार किया जाने लगा।

खनिज तेल के साथ कुओं से प्राकृतिक गैस भी निकलती है। इसके अलावा कोयले से भी कोल गैस बनती है। 1700 ईसवी तक लोग घरों में लैंप व मोमबत्ती जलाकर रोशनी कर पाते थे। सन् 1792 में विलियम मर्डोक ने कोल गैस जलाकर उजाला करने का उपाय किया और 1803 में उसने इसकी फैक्टरी भी लगा दी। सन् 1807 में लंदन की कुछ सड़कों पर गैस से प्रकाश की व्यवस्था की गई।

दूसरी ओर लैवोजियर ने प्राकृतिक गैस से सड़कों पर रोशनी का इंतजाम प्रारंभ कर दिया। सन् 1780 में उसने इस गैस को स्टोर करने के लिए एक टैंक भी बना डाला। रॉबर्ट बुन्सेन नामक वैज्ञानिक ने उन्नीसवीं सदी में गैस को हवा के साथ जलानेवाले बुन्सेन बर्नर बनाए। इनमें लौ एक जैसी रहती थी।

सन् 1832 में जेम्स शार्प ने खाना पकाने के लिए गैस का स्टोव तैयार किया। सन् 1840 के दशक में अमेरिका में गैस रेंज तैयार कर लिया गया। इसके बाद गैस पर खाना पकाना आसान होता चला गया।

प्रारंभ में हमारे देश में प्राकृतिक गैस की भारी कमी थी और गैस कनेक्शन बड़ी कठिनाई से मिलता था। आज गाँव हो या शहर, बड़ी संख्या में लोग गैस पर ही खाना बनाते हैं। इससे जंगलों को नुकसान नहीं होता है और वायु-प्रदूषण से भी खासा बचाव होता है।

□

पैड (बरतन माँजने के लिए)

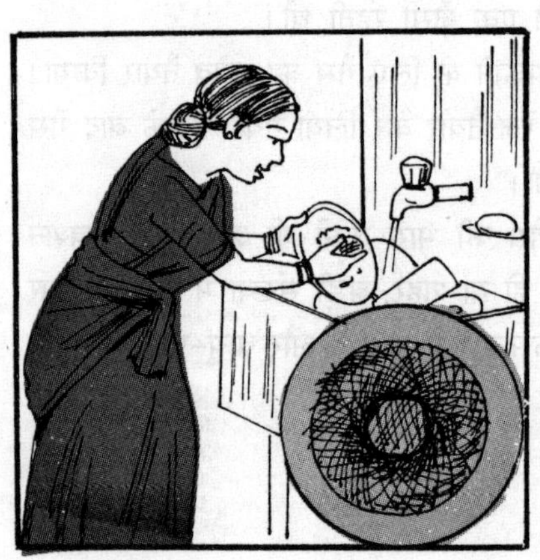

एडविन कॉक्स बरतन बेचनेवाला एक सेल्समैन था। वह सॉस पैन सहित तमाम तरह के बरतन बेचा करता था। घर-घर जाकर वह अपने बरतनों के बारे में लोगों को समझाता था। कई बार तो लोग उसे अपने घरों में घुसने ही नहीं देते थे। उसे एक ऐसी चीज की तलाश थी, जिसके सहारे वह घरों में घुसे।

कॉक्स ने बहुत सोचा और तलाश भी की। उसके ज्यादातर ग्राहक घरेलू गृहिणियाँ थीं, जो बरतन धोने की समस्या से परेशान थीं। बरतन धोते समय चिपकी जूठन से उन्हें काफी परेशानी होती थी।

कॉक्स को लगा कि उसे अपनी समस्या का हल मिल गया। उसने स्टील की एक जाली ली। उसमें साबुन का घोल लगाया और उसे सुखा दिया। अब जब कॉक्स किसी घर में जाता तो अपने बरतन माँजनेवाले पैड से घर के बरतन चमकाकर दिखा देता।

धीरे-धीरे उसके बरतनों की बिक्री बढ़ने लगी। उसके पैडों की बिक्री तो बेतहाशा बढ़ती चली गई। एक स्थिति ऐसी आई कि उसे अपना बरतन बेचने का कारोबार बंद करना पड़ा और अपना पूरा समय तथा परिश्रम उन पैडों के निर्माण और विक्रय पर लगाना पड़ा।

इस दौरान उसके सामने समस्या खड़ी हो गई उस पैड के नामकरण की। उसकी पत्नी ने इस मामले में सहयोग किया और नाम रखा–'सेव आवर सॉस पैन पैड', अर्थात् एस.ओ.एस. पैड। आज ये पैड सारी दुनिया में लोकप्रिय हो गए हैं। □

टोस्टर

ब्रेड टोस्ट करने अर्थात् सेंकने का चलन हजारों सालों से चला आ रहा है। प्राचीन काल में मिस्र के निवासी ब्रेड सेंककर रख लेते थे। नमी समाप्त हो जाने के कारण वह ज्यादा दिनों तक सुरक्षित बनी रहती थी।

पहले ब्रेड को कोयले की आँच पर सेंका जाता था। सन् 1909 में बिजली से चलनेवाले टोस्टर आ गए। इनमें नीचे एक हीटर होता था और उसके ऊपर तारों की जाली होती थी। हीटर और जाली के बीच माइका होता था, जो कुचालक का काम करता था और इससे ब्रेड सेंकनेवाले को करेंट नहीं लगता था। ब्रेड सेंकनेवाला व्यक्ति एक बार में ब्रेड का एक हिस्सा ही सेंक पाता था। सेंकनेवाले को ब्रेड पर लगातार नजर रखनी पड़ती थी, अन्यथा ब्रेड जल भी जाती थी।

चार्ल्स स्ट्राइट नामक एक मैकेनिक मिनीसोटा के एक प्लांट में कार्य कर रहा था। उसे अकसर अपनी कंपनी के कैफेटेरिया में ही खाना पड़ता था। एक दिन उसने नाश्ते में टोस्ट का ऑर्डर दिया। थोड़ी देर में उसके सामने नाश्ते में ब्रेड पीस लाया गया, जो कड़ा और जला हुआ था। भूख से परेशान स्ट्राइट ने उसे किसी तरह खा तो लिया, पर साथ ही यह तय किया कि वह खुद ही नया टोस्टर बनाएगा।

उसके वर्कशॉप में तरह-तरह के तार व स्प्रिंग आदि थे ही। उसने तरह-तरह

के प्रयोग किए और एक ऐसा टोस्टर तैयार किया, जो पहले के टोस्टर से काफी बेहतर था। इसमें ब्रेड एक साथ दोनों ओर से सेंकी जा सकती थी। इसमें टाइमिंग उपकरण भी था। इससे ब्रेड निश्चित समय तक सिंकती थी, उसके बाद वह स्प्रिंग की सहायता से बाहर आ जाती थी और हीटर की बिजली कट जाती थी।

प्रारंभ में स्ट्राइट का यह पॉप अप टोस्टर सिर्फ होटल, रेस्तराँ आदि में ही बिका। बाद में सन् 1927 में इसका घरेलू मॉडल बाजार में आया, जो खासा लोकप्रिय हुआ। इसका नाम 'टोस्ट मास्टर' रखा गया। इससे बिना मेहनत के बढ़िया तरह से ब्रेड सिंक जाती थी। इसका अच्छा प्रचार-प्रसार किया गया। लोग देखते भी थे कि इसमें ब्रेड लगातार सेंकी जाती है और बिना पलटे, बिना जले तैयार हो जाती है।

हालाँकि इसमें प्रारंभ में कुछ परेशानियाँ आईं। पहली और दूसरी स्लाइस तो ठीक सिंकती थी, पर बाद की स्लाइसें काली पड़ने लगती थीं। सन् 1930 में इसमें थर्मोस्टेट लगा दिया गया। तब यह समस्या भी दूर हो गई। आज यह टोस्टर पूरी दुनिया में काफी लोकप्रिय है।

□

रेफ्रिजरेटर

रेफ्रिजरेशन का सिद्धांत, अर्थात् चीजों को ठंडा रखने का सिद्धांत, काफी पुराना है। सदियों पूर्व चीन के निवासी नमकीन पानी में चीजों को सुरक्षित रखा करते थे।

लोगों ने देखा कि अगर हथेली पर अल्कोहल की कुछ बूँदें रखकर रगड़ा जाए तो अल्कोहल तो उड़ जाता है, पर हथेली ठंडी हो जाती है। नेल पॉलिश लगाने के बाद भी ऐसा ही अनुभव होता है। जो तरल पदार्थ बहुत जल्दी उड़ जाते हैं, वे ऐसा ही असर छोड़ जाते हैं।

जैकब परकिंस नामक एक अमेरिकी सन् 1834 में ब्रिटेन में रह रहा था। उसने इस प्रकार के ठंडे करनेवाले तरल पदार्थों का अध्ययन किया। उसने सोचा कि यदि इस प्रकार के तरल पदार्थों को धातु के ट्यूबों में बंद कर दिया जाए तो ये ट्यूब्स ठंडी हो जाएँगी और साथ ही उसके आस-पास की हवा भी ठंडी हो जाएगी।

परकिंस और उसके साथियों ने अब एक बक्सा बनाया। इसके बीच में धातु के ट्यूब डाले, जिनमें उड़नेवाले तरल पदार्थ काफी दबाव पर भरे गए थे। यह उपकरण काम करने लगा। जब इसके अंदर पानी की ट्रे रखी गई तो वह ठंडी हो गई और पानी बर्फ में बदल गया। परकिंस और उसके साथी यह देखकर बड़े ही प्रसन्न हुए और बर्फ को कंबल में लपेटकर घर ले गए, जहाँ उन्होंने खूब जश्न मनाया।

लेकिन परकिंस ने अपने उपकरण में आगे सुधार नहीं किया। 1855 ईसवी में जेम्स हैरीसन नामक आविष्कारक ने पहला औद्योगिक रेफ्रिजरेटर तैयार किया और उसे बिक्री के लिए रखा। यह सफल भी रहा।

इसके बाद दूसरे आविष्कारक भी जुट गए। उन्होंने घरेलू उपयोग के लिए रेफ्रिजरेटर तैयार किया, जो दुकानों में खूब बिकने लगा।

□

दूध की बोतल

मनुष्य को हजारों वर्षों पूर्व ही ज्ञान हो गया था कि कुछ जानवरों, जैसे—गाय, भैंस, बकरी आदि का दूध स्वादिष्ट और पौष्टिक होता है। उसने इन जानवरों को पालने और इनके दूध का सेवन करने के अतिरिक्त उससे अनेक प्रकार के खाद्य पदार्थ बनाना भी प्रारंभ कर दिया। दही, मक्खन आदि बनाना तो हजारों सालों से चला आ रहा है।

प्रारंभ में दूध का भंडारण और आदान-प्रदान भी चमड़े के थैले में ही होता था। जानवरों की खाल से बने थैलों में दूध बंद करके दूसरों को दिया जाता था; पर यह सुरक्षित तरीका नहीं था, क्योंकि इसमें दूध जल्दी खराब हो जाता था।

बाद में मिट्टी और धातु के बरतनों में दूध रखा जाने लगा। इनमें ज्यादा मात्रा में दूध रखा जा सकता था और यह जल्दी खराब भी नहीं होता था।

प्राचीन काल में लगभग सभी लोग गाय या भैंस पाला करते थे और दूध का आदान-प्रदान कम होता था, पर ज्यों-ज्यों शहर बसने लगे त्यों-त्यों लोगों के पास जगह की कमी होने लगी और निजी तौर पर गाय-भैंस पालना असंभव होने लगा। उन्नीसवीं सदी में बड़े-बड़े शहर बसने लगे। अब तो गाँवों से शहरों में दूध का आना एक बड़ा व्यवसाय बन गया है। आम किसान भी दो-तीन दुधारू जानवर रखकर 20-30 लीटर दूध का उत्पादन करने लगा और उन्हें पास के शहरों में खुद

ले जाकर या थोक व्यवसायी को बेचने लगा। जब भी ऐसा कोई दूधवाला शहर में आता था तो शहरवाले कम-ज्यादा मात्रा में अपनी आवश्यकतानुसार दूध लेने लगे। यह तरीका भी सुरक्षित नहीं था। गरमियों में दूध खराब हो जाता था। धूल भरी सड़कों के कारण दूध दूषित हो जाता था। अतः इस ओर वैज्ञानिकों का ध्यान गया।

अब दूध बोतलों में पैक किया जाने लगा। सन् 1870 में अमेरिका की स्थानीय डेरियों ने शीशे के जार में दूध पैक करना प्रारंभ कर दिया। सन् 1878 में दूध की बोतल को पेटेंट करा लिया गया। पहले-पहल इसमें शीशे का ढक्कन लगाया गया था, जिसमें रबर का गास्केट लगा था। इसके ऊपर धातु की सील होती थी। इसे खोलना खासा कठिन होता था। धीरे-धीरे इस बोतल का इस्तेमाल कम होता गया।

इसके बाद एक दूसरे आविष्कारक ने लंबी गरदनवाली दूध की बोतल तैयार की। उसे धातु के ढक्कन से बंद किया जाने लगा। इसमें कागज की गास्केट लगती थी। यह बोतल भी उतनी सफल नहीं हुई।

इस प्रकार के प्रयास अभी तक व्यक्तिगत स्तर पर ही हुए थे। अब अनेक कंपनियाँ भी इस क्षेत्र में उतर आईं। चूँकि छोटे पैमाने पर बोतल तैयार करने के कारण बोतलों की लागत ज्यादा आ रही थी और बोतलबंद दूध महँगा बिक रहा था, इसके अलावा खाली बोतल वापस तो की जाती थी, पर उनको धोने व साफ रखने की विश्वस्त प्रक्रिया भी नहीं थी, अतः इस प्रकार बोतलों में दूध पैक करने का काम आधा-अधूरा ही चल रहा था।

उधर हार्वे डी. थैचर नामक एक डॉक्टर और दवा वैज्ञानिक, जो न्यूयॉर्क के पौट्सडैम नामक स्थान पर आकर बस गए थे, ने दवा का व्यवसाय प्रारंभ किया था। उन्होंने अपने परिवार के लिए दूध की आपूर्ति सुनिश्चित करने के लिए एक गाय पाली। उनकी नजर दूध की गुणवत्ता पर गई। उन्होंने इसके लिए प्रयास प्रारंभ किया। थैचर दूरदर्शी थे। उन्होंने शीघ्र ही ताड़ लिया था कि यह काम काफी बड़ा है। उन्होंने इस काम के लिए एक साझीदार भी ढूँढ़ लिया, जिसका नाम था हर्बे बर्नहार्ट।

पहले-पहल उन्होंने रबर की एक ट्यूब बनाई, जो गाय के थन से दूध को सीधे बरतन गें ले जाती थी। इसमें मनुष्य के हाथ नहीं लगते थे और बैक्टीरिया से बचाव भी होता था।

इस प्रकार गाय के थनों से अपने आप दूध निकालने की प्रक्रिया शुरू हुई। थैचर को सन् 1884 में इसका पेटेंट भी मिल गया। इसका नाम 'मिल्क प्रोटेक्टर' रखा गया। अब उन्होंने इसके निर्माण के लिए व्यवसाय स्थापित किया। थैचर ने

इसमें 5000 और बर्नहार्ट ने 1000 डॉलर लगाए। पर बर्नहार्ट को व्यवसाय का तजुरबा बिलकुल नहीं था। थैचर ने बर्नहार्ट को न्यूयॉर्क शहर में भेजा, ताकि वह ऐसे निर्माता की तलाश करे, जो 200 दूध प्रोटेक्टर ट्यूबें तैयार कर दे। तब बर्नहार्ट ने एक भारी भूल कर डाली। निर्माताओं ने उससे कहा कि अगर दो सौ ट्यूबें बनवानी हैं तो प्रति ट्यूब 50 सेंट लगेंगे और यदि दस हजार ट्यूबें बनवानी हैं तो प्रति ट्यूब 10 सेंट लगेंगे। नासमझ बर्नहार्ट ने दस हजार ट्यूबों का ऑर्डर दे डाला। उसे लगा कि ट्यूबों के बनते ही उसका मिल्क प्रोटेक्टर तेजी से बिकने लगेगा। जब वह लौटकर आया तो ट्यूब बरतन आदि समेत पूरा सेट 3 डॉलर में बेचना निश्चित किया; पर वह नहीं बिक सका।

अब बर्नहार्ट के हाथ-पैर फूलने लगे। उसने थैचर पर दबाव डालना प्रारंभ किया कि वह उसका दाम और घटाए, ताकि किसी तरह यह बिके और उसका पैसा निकले। दोनों में विवाद हुआ और आखिर थैचर ने बर्नहार्ट के 1000 डॉलर देकर छुट्टी पा ली। अब बर्नहार्ट थैचर के यहाँ नौकरी करने लगा।

अब थैचर ने यह जानने की कोशिश की कि उसका सेट क्यों नहीं बिक रहा है। उसने पाया कि किसानों का दूध तो यों ही बिक रहा है। वे क्यों अतिरिक्त खर्च करते। दूसरी ओर दूध के ग्राहक को इस बात से कोई मतलब नहीं था कि दूध की आपूर्ति करनेवाला कितनी साफ-सफाई रखता है।

सन् 1884 की गरमियों में थैचर एक स्थानीय दूधवाले के यहाँ गया तो उसने देखा कि दूधवाला एक बड़े केन में दूध डाल रहा था। तभी उसकी बच्ची ने अपनी गुड़िया फेंकी, जो दूध में गिर गई। गरीब डेयरीवाले ने उस गंदी गुड़िया को तुरंत निकाल तो दिया, पर उसी दूध को बेचने चल दिया। उसे लगा कि किसी ग्राहक ने तो इसे देखा नहीं है। अब थैचर ने सोचा कि यदि वह अपने मिल्क प्रोटेक्टर के साथ शीशे की बोतल भी बेचने का प्रयास करे तो सफलता मिल सकती है। दूध गाय के थन से सीधा बोतलों में जाए। थैचर ने बोतल का नया डिजाइन तैयार किया। इसके बाद एक ग्लास कंपनी के सहयोग से उसे बनवाना प्रारंभ कर दिया।

इसके साथ ही थैचर का पूरा सेट बोतल समेत बिकने लगा। पहले ये सेट बड़े डेयरीवालों ने खरीदे। एक डेयरीवाले ने उसके बनाए सारे सेट खरीद लिये और पेटेंट का अधिकार भी उस क्षेत्र के लिए खरीद लिया।

अब थैचर ने दूसरी जगह जाकर सेट बेचे। वह धीरे-धीरे हर शहर में अपने सेट बेचने लगा। दूध की अपनी बोतलों को आकर्षक बनाने के लिए वह बोतलों पर स्वस्थ गाय के दूध निकालने की प्रक्रिया भी छपवाने लगा। एक साफ-सुथरे

व्यक्ति द्वारा साफ प्रक्रिया से निकाला जानेवाला गाय का बोतल बंद दूध अब लोकप्रिय हो चला।

धीरे-धीरे बोतल को वैगन में रखने का तरीका भी विकसित किया गया, ताकि शीशे की बोतल टूटे नहीं। पहले ढक्कनों से दूध लीक होने की समस्या आई, पर उसका भी हल निकाल लिया गया।

सन् 1890 में थैचर ने अपने आविष्कृत सेट के निर्माण-अधिकार बर्नहार्ट और उसके भाई के हाथों बेच दिए। अब वे नई बोतल के निर्माण में जुट गए। उन्होंने दूध के लिए डिस्पोजेबल कागज की बोतल तैयार की।

दूसरी ओर बर्नहार्ट ने पुरानी बोतलों में सुधार किया और अपने व्यवसाय को बढ़ाया। वे दोनों भाई अपने आविष्कारों में जुटे रहे। जब मशीनें तैयार हुईं तो दूध की बोतलें मशीनों से बनाई जाने लगीं।

□

स्टेनलेस स्टील के बरतन

आज लगभग सभी घरों में स्टेनलेस स्टील के बरतन इस्तेमाल होते हैं। धोने में आसान, किसी प्रकार का धब्बा नहीं छोड़नेवाले ये बरतन अब सस्ते भी हैं और टिकाऊ भी। अब गरीब लोग भी इनका इस्तेमाल करने लगे हैं। धातु के बरतनों का इस्तेमाल मनुष्य सदियों से करता आया है। पहले बरतन में इस्तेमाल होनेवाली धातु से व्यक्ति की आर्थिक व सामाजिक स्थिति का पता चलता था। राजे-महाराजे सोने-चाँदी के बरतनों का प्रयोग करते थे। साधारण व्यक्ति पीतल, काँसे के बरतनों का प्रयोग करते थे। पीतल के बरतनों के साथ एक समस्या थी। खट्टे पदार्थ उसमें जल्दी ही खराब हो जाते थे, क्योंकि खट्टे पदार्थों का अम्लं पीतल के साथ रासायनिक प्रतिक्रिया करता था और खाद्य पदार्थ दूषित हो जाता था।

बाद में जब एल्यूमीनियम सस्ता हो गया तो एल्यूमीनियम के बरतन भी इस्तेमाल होने लगे। कारण, गरीब लोग इन्हें पसंद करते थे। इनमें रासायनिक प्रतिक्रिया का भी खतरा नहीं था, पर ये देखने में आकर्षक नहीं थे।

उन्नीसवीं सदी में माइकेल फैराडे ने अनेक धातुओं के मिश्रण बनाए। उसने लोहे में क्रोमियम मिलाया, पर वह स्टेनलेस स्टील नहीं बना पाया। क्रोमियम मिलाने से उत्पन्न होनेवाले गुणों पर भी वैज्ञानिकों में पहले से ही मतभेद था। उनका उद्देश्य

था ऐसा स्टील बनाना, जिसमें जंग आदि न लगे।

सन् 1904 में लियोन गलेट नामक फ्रांसीसी वैज्ञानिक ने लोहे और क्रोमियम के मिश्रण में थोड़ा कार्बन मिलाकर उसके गुणों का अध्ययन किया। बाद में अन्य वैज्ञानिकों ने भी इसपर अध्ययन किया। सन् 1912 में पहली बार स्टेनलेस धातु तैयार हुई, जिसका श्रेय इंग्लैंड के हैरी ब्रेयरले और अमेरिका के एलवुड हेंस को जाता है। दोनों ने अलग-अलग इसे विकसित किया। दरअसल, वे नौसेना में इस्तेमाल होनेवाली बंदूकों के लिए इसे विकसित करना चाहते थे। पर सैनिक अधिकारियों ने इस स्टील, जिसमें 12.4 प्रतिशत क्रोमियम तथा .24 प्रतिशत कार्बन था, में कोई रुचि नहीं दिखाई। ब्रेयरले ने अब इससे बरतन बनाने के लिए सुझाव दिया। उसकी कंपनी ने उस स्टील से चाकू बनवाए, पर चाकू बनानेवालों ने उस स्टील को घटिया घोषित कर दिया। सन् 1915 में ब्रेयरले ने इसका पेटेंट हासिल कर लिया।

सन् 1919 में अमेरिका में हेंस ने भी पेटेंट हासिल कर लिया। बाद में इस अनोखे स्टील के गुणों का पता चलता गया और बरतन-निर्माण में इनका उपयोग बढ़ता गया। ज्यों-ज्यों निर्माण-प्रक्रिया में सुधार आता गया त्यों-त्यों इनकी माँग भी बढ़ती गई और उसके साथ ही इनके दाम भी कम होते गए।

आज स्टेनलेस स्टील के बरतनों की भारी माँग है। पीतल या काँसे के बरतनों का उपयोग लगभग बंद-सा ही हो गया है।

□

शौचालय का फ्लश

प्राचीन काल में मनुष्य खुले मैदान में नित्यक्रिया से निवृत्त होता था। (यह चलन आज भी ग्रामीण व आदिवासी इलाकों में प्रचलित है।) कालांतर में शौचालय बनाए जाने लगे। इससे परेशानी कुछ कम हुई। फिर भी उन्नत रहन-सहनवाले लोगों में आरामदायक शौचालय बनवाने की इच्छा पनपती रही। इस दिशा में तमाम प्रयास भी हुए। जब प्राचीन सभ्यताओं की खोज में पुरातत्त्ववेत्ताओं ने खुदाई करवाई तो अन्य चीजों के साथ-साथ प्राचीन शौचालयों के अवशेष भी मिले। ये अत्यंत साधारण किस्म के थे। इनमें पत्थर की सीट होती थी और मल एक गड्ढे में इकट्ठा हो जाता था, जहाँ से जमादार उसे निकाल लेता था। उसे एक जगह जमा करके खाद बनाई जाती थी।

बाद में जब किले आदि बनवाने की योजनाएँ बनाई जाने लगीं तो यह ध्यान रखा गया कि ये किसी नदी या नहर के किनारे बनवाए जाएँ। वहाँ पर मल को नदी में बहा दिया जाता था। यह भी अच्छा तरीका नहीं था। धनी लोग अपने शौचालय में सजावट आदि भी करने लगे थे, पर मल की निकासी का इंतजाम संतोषजनक नहीं था।

सबसे बड़ी समस्या दुर्गंध की थी। आम लोग तो दुर्गंध बरदाश्त कर लेते थे, पर इंग्लैंड की महारानी एलिजाबेथ प्रथम को दुर्गंध कतई बरदाश्त नहीं होती थी।

वह हर बार शौच-क्रिया से निवृत्त होकर स्नान किया करती थीं। उस समय आम अंग्रेज महीने में एक बार ही नहाया करते थे। यदि वह महारानी न होतीं तो आम जनता उन्हें पागल समझती, क्योंकि नित्य स्नान करना उस समय इंग्लैंड में अजूबा ही था।

महारानी के धर्मपुत्र सर जॉन हैरिंगटन को जब पता चला कि उनकी माताजी को दुर्गंध से इतनी ज्यादा परेशानी होती है तो उन्होंने फ्लशवाला शौचालय तैयार कराया। यह लगभग ऐसा ही था जैसा आजकल यूरोपियन शौचालय होते हैं, अर्थात् हैंडल दबाने से एक कंटेनर में रखा पानी तेजी से निकलता है और मल को बहा देता है। सन् 1596 में आविष्कृत यह शौचालय सिर्फ महारानी के इस्तेमाल में ही आ पाया था। आम जनता से यह दूर ही रहा, क्योंकि उस समय पानी की बड़ी समस्या थी।

सन् 1775 में अलेक्जेंडर क्यूमिंग नामक ब्रिटिश वैज्ञानिक ने इसे अपने नाम पेटेंट कराया। बाद में क्यूमिंग की डिजाइन में जोसेफ ब्रमाह ने सुधार किया। इस प्रकार धीरे-धीरे स्वच्छ व दुर्गंध-रहित शौचालय सभी देशों में बनाए जाने लगे।

□

बाथ-टब

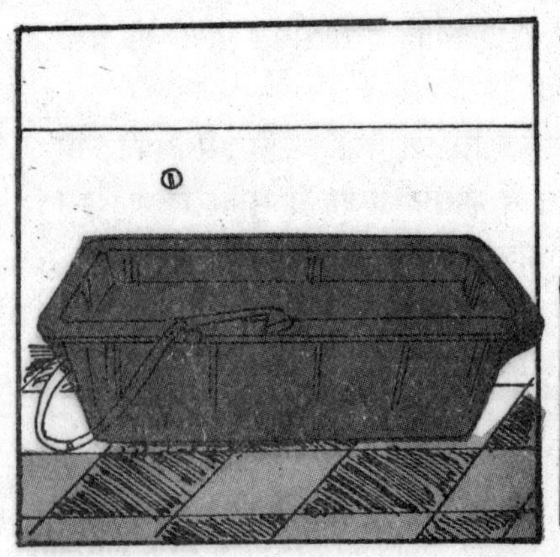

मनुष्य को नहाने में हमेशा से ही आनंद आता रहा है। उसने नहाने के नए-नए तरीके ईजाद किए। झरनों के नीचे बैठकर नहाना, नदी में डुबकी लगाकर या तैरकर नहाना—ये सब बड़े आनंददायक होते हैं।

किंतु हर जगह नदी या झरने नहीं होते हैं। अतः मनुष्य ने दूसरे इंतजाम किए। मोहनजोदड़ो तथा हड़प्पा की खुदाई में बड़े-बड़े सार्वजनिक स्नानागार मिले हैं, जिनसे पता चलता है कि लोग मिलकर जश्नपूर्वक नहाया करते थे।

पानी से भरे बाथ-टब में नहाने का अलग ही आनंद है। इस आनंद की परंपरा लगभग चार हजार वर्ष पुरानी है। पहले लोग छोटे-छोटे बाथ-टबों में अलग-अलग नहाते थे। ऐसे बाथ-टब यूनान के एक हिस्से में मिले हैं। बाद में रोमन लोग बड़े आकार के बाथ-टबों में मिलकर नहाने लगे। रोम के कारासेला नामक स्थान में इतना बड़ा बाथ-टब मिला है कि उसमें 1600 लोग एक साथ स्नान कर सकते हैं।

मिलकर नहाने का चलन बाद में यूरोप में समाप्त हो गया। दरअसल, अंग्रेजों ने नहाना बहुत कम कर दिया। 1000 ईसवी के बाद यूरोपवासियों ने यदा-कदा नहाना प्रारंभ कर दिया। अब लोगों ने फिर से बाथ-टब बनवाना शुरू कर दिया।

अब आधे आकार के बाथ-टब बनने लगे। अलबत्ता लोग अलग-अलग आकार के बाथ-टब बनवाने लगे। कुछ टब जूते के आकार के होते थे तो कुछ आरामदायक कुरसी के आकार के। धीरे-धीरे विभिन्न आकारों के और फव्वारे आदि से युक्त बाथ-टब तैयार किए जाने लगे।

□

टूथब्रश और टूथपेस्ट

प्रातः उठते ही हमें टूथपेस्ट और टूथब्रश की आवश्यकता पड़ती है। टूथब्रश का आविष्कार पंद्रहवीं सदी के अंत में चीनियों ने किया था। वे पहले इसमें जानवरों के बालों का इस्तेमाल करते थे। इसके साथ ही मंजन आदि का भी आविष्कार हो चुका था। हालाँकि भारत में दातौन की प्रथा इसके बाद में भी चलती रही, पर पश्चिम में टूथब्रश का चलन अठारहवीं सदी में ही प्रारंभ हो चुका था।

दरअसल हुआ यों कि सन् 1770 में विलियम आदिस नामक एक व्यक्ति इंग्लैंड की एक जेल में अपनी सजा काट रहा था। उसी दौरान उसने संकल्प किया कि सजा पूरी होने के पश्चात् वह ऐसी वस्तु तैयार करेगा जो लोकोपयोगी होगी।

उस समय अंग्रेज लोग राख व रेत जैसी चीजों से अपने दाँत माँजा करते थे। आदिस के मस्तिष्क में एक विचार उठा। उसने हड्डी का एक टुकड़ा लिया और उसमें अत्यंत छोटे-छोटे सुराख किए। उसके बाद उसमें रेशे डालकर उन्हें गोंद से चिपका दिया। इस प्रकार यूरोप में पहली बार ब्रश तैयार किया गया।

जब आदिस कैद से रिहा हुआ तो उसने इस प्रकार के टूथब्रश के निर्माण के लिए फैक्टरी लगाई। उसका व्यापार तेजी से चल निकला।

सन् 1892 में डॉ. वाशिंगटन शेफील्ड नामक एक दंत-चिकित्सक ने एक धातु की टूथपेस्ट ट्यूब तैयार की। मंजन का प्रयोग बीसवीं सदी के प्रारंभ तक चलता रहा और इस काल में टूथपेस्ट भी लोकप्रिय होता चला गया।

□

दर्पण

प्रकृति ने मनुष्य के लिए अनेक प्राकृतिक दर्पण प्रारंभ में ही बना दिए थे। मनुष्य तालाब के पानी में अपनी तसवीर देख लेता था। चिकने पत्थर पर भी उसे अपना प्रतिबिंब दिखाई दे जाता था। वह दूसरों की आँखों, विशेष रूप से पत्नी या प्रेमिका की आँखों, में भी अपना प्रतिबिंब देख लेता था।

प्रारंभ में मनुष्य को अपना या दूसरों का प्रतिबिंब देखकर डर लगा और आश्चर्य भी हुआ। दक्षिण अफ्रीका की बासुतोस जनजाति के लोगों के मन में यह डर इस प्रकार बैठ गया था कि अगर वे पानी में अपना प्रतिबिंब देखने जाएँगे तो घड़ियाल उन्हें खींचकर ले जाएगा और खा जाएगा।

इसी तरह चीन के लोग घर के सामने शीशा लगाकर रखते थे, ताकि दुरात्माएँ उन्हें देखकर भाग जाएँ। पश्चिमी देशों में भी मान्यता थी कि ईश्वर ने आदम को एक दर्पण दिया था, ताकि वह उसमें पृथ्वी पर स्थित सभी चीजें देख सके। जब आदम की मृत्यु हुई तो फक्त नामक एक मेढक ने उस दर्पण पर कब्जा कर लिया और उसे एक पुराने दबे हुए शहर के नीचे दबा दिया।

किसी समय जादुई–सा लगनेवाला दर्पण वास्तव में जादुई तो नहीं होता है, पर वह लोगों को आश्चर्यचकित अवश्य करता रहा है। यूनान, रोम, मिस्र तथा यहूदी लोग पॉलिश की हुई चिकनी धातु के पट्टे को दर्पण के रूप में प्रयोग करते रहे।

काँसे की पट्टियाँ, तश्तरियाँ जिनपर अच्छी पॉलिश होती थी, भी दर्पण के रूप में इस्तेमाल होती रही हैं। दर्पण पर अच्छी नक्काशी की जाती थी। कई दर्पणों में तो हैंडल भी लगाया जाता था, ताकि उन्हें पकड़ने में आसानी रहे।

मध्य युग में लोग स्टील या चाँदी के बने और पॉलिश किए छोटे दर्पण जेब में रखते थे। महिलाएँ भी अपने बेल्ट आदि में उन्हें खोंसकर चलती थीं, ताकि जरूरत पड़ने पर अपना चेहरा देख सकें। कई बार पुरुष ऐसे दर्पण अपने हैट में भी लगाकर चलते थे।

पंद्रहवीं सदी में ऐसे दर्पण बनाए जाने लगे, जिनके सामने शीशा और पीछे धातु होती थी। सोलहवीं सदी में वेनिस में इनका उत्पादन बड़े पैमाने पर होने लगा। पहले शीशे का एक टुकड़ा पॉलिश की हुई धातु के एक टुकड़े के साथ जोड़ दिया जाता था। बाद में शीशे और तरल धातु को मिलाकर एक पीस का शीशा तैयार किया जाने लगा।

बाद के समय में अनेक प्रकार के दर्पण बनाए जाने लगे। अब दर्पण आकार बड़ा करके भी दिखाने लगे। इनके अलावा शीशेवाली छत तथा दरवाजे भी बनने लगे। आज अनेक प्रतिबिंब दिखानेवाले दर्पण भी उपलब्ध हैं। हाल में किए गए एक अध्ययन के अनुसार अधिकतर लोग अपनी दिनचर्या में प्रतिदिन बीस से लेकर तीस मिनट तक दर्पण के सामने बिताते हैं।

☐

वॉशबेसिन

प्रारंभ से ही मनुष्य की यह आदत रही है कि खाना खाने के पूर्व और खाना खाने के पश्चात् हाथ धोए जाएँ। आम आदमी भी खाना खाने से पूर्व हाथ जरूर धोता था और बाद में भी। अमीर लोग आलस्य के कारण उसी जगह पर बैठे रहते थे और उनका नौकर एक बड़ा कटोरा लेकर उसमें उनके हाथ खाना खाने से पूर्व भी धुलवाता था और बाद में भी। यह कटोरा ही बाद में वॉशबेसिन में परिवर्तित हो गया।

पहले यह वहाँ पर होता था जहाँ खाना खाया जाता था। फिर यह शयनकक्ष में भी रखा जाने लगा, क्योंकि अमीर लोग बिस्तर से उठने में आलस्य करते थे।

बाद में जब पानी की आपूर्ति नलों के जरिए घर-घर होने लगी तो यह वॉशबेसिन स्नानघर में भी पहुँच गया। लोग मुँह धोने, कुल्ला करने, दाढ़ी बनाने आदि काम अब बाथरूम में करने लगे।

□

साबुन

मनुष्य को गंदगी से हमेशा ही नफरत रही है। वह अपने आस-पास के अलावा स्वयं को भी साफ-सुथरा रखने का प्रयास करता रहा है। इसमें स्नान करना भी शामिल है। प्राचीन काल में स्नान करने का तरीका आज सुनने में विचित्र लगता है। पहले लोग अपने शरीर पर गीली राख रगड़ते थे। उसके बाद तेल लगाते थे और बाद में पानी से रगड़कर नहा लेते थे।

देखने-सुनने में यह चाहे कितना भी विचित्र लगे, राख और तेल का मिश्रण शरीर को उसी प्रकार स्वच्छ कर देता था जैसे आज साबुन कर देता है। हमारे देश में तो आज भी शौच-क्रिया के बाद राख से हाथ धोने को ज्यादा शुद्ध माना जाता है।

मनुष्य ने साबुन का आविष्कार बहुत जल्दी ही कर लिया था। बेबीलोन के लोगों ने पहले-पहल साबुन बनाने का प्रयास किया था। सुमेर सभ्यता के इन लोगों ने उबलते पानी में राख और ग्रीज मिलाकर उसे लगातार चलाया और बाद में उसमें ऊपर से नमक मिलाया। इस प्रकार दही जैसा पदार्थ तैयार हो गया। यही साबुन का प्राचीन रूप था। जब यह पदार्थ ठंडा होता था तो ऊपरी हिस्सा कड़ा हो जाता था। उसे साबुन के आकार में टुकड़े-टुकड़े काटा जाता था। यह प्रक्रिया धीरे-धीरे और अधिक विकसित होती गई।

विश्व के अनेक भागों में ऐसी वनस्पतियाँ पाई जाती हैं, जो साबुन की तरह काम करती हैं। इन्हें गीले शरीर पर रगड़ने से झाग भी निकलता है और सफाई भी होती है। कुछ सदियों पूर्व तक अमेरिका के आदिवासी इस प्रकार की वनस्पतियों का प्रयोग नहाने के लिए करते रहे।

यदि हम किमोलॉस नामक द्वीप में जाएँ तो हमें पता लगेगा कि इस द्वीप का निर्माण साबुन जैसे पदार्थ से ही हुआ है। उस द्वीप के निवासी वहाँ की किसी भी जगह की मिट्टी लेकर उससे नहा भी लेते हैं और कपड़े भी धो लेते हैं। जब वहाँ बारिश होती है तो एकत्र पानी में साबुन जैसा झाग बनने लगता है। कई बार तो यह झाग कई फीट ऊँचा पहुँच जाता है।

एक विचित्र सत्य यह भी है कि यदि मनुष्य का मृत शरीर, जो जमीन में गाड़ा जाता है, एक निश्चित तापमान और नमी पर पड़ा रहे तो वह भी साबुन जैसे रसायन में परिवर्तित होने लगता है। कुछ लोग इसे ग्रेव वैक्स कहते हैं। यह कब्रों से मोम जैसे पदार्थ के रूप में निकलने लगता है।

रासायनिक जाँच के बाद पता चला है कि यह पदार्थ लगभग वैसा ही है जैसा कि बेकिंग सोडा में ग्रीज मिलाने के बाद बनता है। यह जानकारी विश्व को तब मिली जब विलियम वॉन एलेनबोगेन नामक सैनिक, जो अमेरिकी क्रांति में मारा गया था, की कब्र से यह विचित्र पदार्थ निकला।

लोगों ने देखा तो उन्हें लगा कि सिपाही का मृत शरीर साबुन में परिवर्तित हो गया है। बाद में उस मृत शरीर को कब्र से निकालकर अमेरिका के प्रमुख स्मिथसोनियन संस्थान में रखा गया, जिसे आज भी देखा जा सकता है। सदियों पूर्व साबुन निर्माण का जो फॉर्मूला बना, उससे मनुष्य काफी कुछ संतुष्ट हुआ। इस कारण उसमें खास परिवर्तन नहीं हुआ। बाद में (3000 साल के अंतराल के पश्चात्) आंद्रे पियर्स ने सन् 1789 में एक ऐसा पारदर्शी साबुन बनाया, जिसके आर-पार देखा जा सकता था।

आम साबुन अगर पानी में डाला जाए तो वह डूब जाता है, जबकि एक ऐसा भी साबुन बनाया गया, जो तैरता ही रहता था। यह प्रयास करके नहीं, भूलवश ऐसा बन गया। हुआ यों कि प्रॉक्टर व गैंबल कंपनी में साबुन निर्माण का काम चल रहा था। उसकी देखरेख कर रहा एक कर्मचारी भोजनावकाश पर जाने से पूर्व उस मशीन को बंद करना भूल गया, जो साबुन के घोल को चला रही थी। नतीजा यह हुआ

कि घोल की स्टियरिंग होती ही रही। जब कर्मचारी आया तो साबुन के बबूले बहुत ज्यादा हो गए थे और जो साबुन तैयार हुआ, वह बहुत हलका था। पानी में उसे डालने पर वह तैरता था।

गलती से बने इस साबुन आवरी को ग्राहकों ने बहुत पसंद किया। इसकी कंपनी के पास इसके खूब ऑर्डर आए।

□

वाशिंग मशीन

हजारों सालों से कपड़े हाथ से धोए जाते रहे। घर की महिलाएँ कपड़ों में साबुन लगाकर और फिर पीटकर कपड़े धोती थीं, जिसमें खासी मेहनत लगती थी। सन् 1858 में अमेरिका के पिट्सबर्ग इलाके के हैमिल्टन स्मिथ ने कपड़ा धोने की पहली मशीन तैयार की, जिसमें मेहनत कम लगती थी। इस मशीन का नाम 'होम वाशर' रखा गया और आगे इसमें काफी सुधार किए गए।

बीसवीं सदी के प्रारंभ में इस मशीन में अनेक सुधार किए गए। शिकागो के अल्वा फिशर ने बिजली से चलनेवाली पहली वाशिंग मशीन तैयार की। पर वैज्ञानिकों को इससे संतुष्टि नहीं मिली। सन् 1924 में सेवेज आर्म्स कॉरपोरेशन ने एक ऐसी मशीन तैयार की जो कपड़ा धोने के बाद उसे सुखाने का काम भी करती थी। इसमें दो टब होते थे। एक टब में कपड़े धोए जाते थे। उसके बाद इस टब के कपड़े मशीन के अंदर दूसरे टब में पहुँच जाते थे। वहाँ उन्हें तेजी से घुमाया जाता था और विद्युत् से उत्पन्न गरमी से उन्हें सुखा भी दिया जाता था।

आज तरह-तरह की सेमी ऑटोमेटिक व ऑटोमेटिक मशीनें उपलब्ध हैं, जो हर प्रकार के कपड़ों को धोने व सुखाने का काम निश्चित समय में कर डालती हैं। इनमें धुलाई भी अच्छी होती है और साबुन की बचत भी होती है।

□

पैसा (सिक्के)

आज के युग को 'पैसे का युग' भी कहा जाता है। इसका एक कारण यह भी है कि लगभग हर कार्य में पैसे का इस्तेमाल होता है तथा हर व्यक्ति अपने पास कम या ज्यादा पैसा (करेंसी) रखता है।

एक जमाना वह भी था, जब रुपए-पैसे का चलन नहीं था। मनुष्य की पहली आवश्यकता भोजन थी और भोजन ही मुद्रा का काम करता था। लोग भोज्य पदार्थ, जैसे—अनाज, फल आदि देकर दूसरी चीजें ले लेते थे। खाद्य पदार्थों को लंबे समय तक सुरक्षित बनाए रखने के लिए नमक का प्रयोग किया जाता था। उसका प्रयोग काफी समय तक मुद्रा के रूप में भी हुआ। काली मिर्च भी मुद्रा के रूप में प्रयोग होती रही। तिब्बत में रहनेवाले लोग वहाँ के स्थानीय जानवर याक के मक्खन को काफी समय तक मुद्रा के रूप में प्रयोग करते रहे।

खाद्य पदार्थों के बाद अनेक विचित्र चीजें मुद्रा के रूप में इस्तेमाल होती रहीं। फीजी के लोग ह्वेल के दाँतों का, अफ्रीका के लोग लोहे की छड़ों का इस्तेमाल मुद्रा के रूप में करते रहे। मोती, शंख आदि चीजें भी मुद्रा के रूप में इस्तेमाल होती रहीं। कौड़ियों का प्रयोग काफी समय तक मुद्रा के रूप में होता रहा।

धातु के सिक्कों का मुद्रा के रूप में इस्तेमाल कब, कहाँ और कैसे प्रारंभ हुआ, यह तो ज्ञात नहीं है, पर विश्व के अनेक भागों में लगभग दो हजार सात सौ वर्ष

पुराने सिक्के मिले हैं। भारतीय ग्रंथों में स्वर्ण-मुद्राओं का काफी उल्लेख मिलता है। इनका उपयोग लेन-देन में किया जाता था। पुरस्कार या मूल्य के रूप में स्वर्ण-मुद्रा देने के असंख्य उदाहरण हैं।

स्वर्ण-मुद्राएँ व अन्य धातु की जो मुद्राएँ खुदाई में मिली हैं, वे अनेक सूचनाएँ भी देती हैं। ईसा पूर्व चौवालीसवीं सदी में जूलियस सीजर का शासन रोम में था। उस काल के सिक्कों में उसकी तसवीर छपी है। इंग्लैंड में भी दो हजार साल पुराने सिक्के मिले हैं। जापान के सिक्के चौकोर आकृति के मिले हैं, जबकि अन्य जगहों से मिलनेवाले सिक्के गोल हैं।

पुराने समय में लोग थैली में सिक्के भरकर निकलते थे और खरीदारी करने जाते थे। तब उनके लिए खरीदारी आसान तो हो गई थी, पर इतने सिक्के रखना भारी व कठिन काम था। चोरों का डर भी रहता था।

उस समय आज जैसे बैंक नहीं होते थे। जो लोग पैसे के लेन-देन का काम करते थे, वे धीरे-धीरे कागज पर हुंडी आदि लिखकर देने लगे। लोग उनके पास सोना या अन्य चीजें जमा कर जाते थे और बदले में कागज का प्रोनोट पाते थे। इस प्रकार कागजी मुद्रा का अप्रत्यक्ष चलन प्रारंभ हो गया। यह मुद्रा नकद मुद्रा के समान ही होती थी और लोग इन्हें आगे बेचकर नकद पैसे ले लेते थे।

लगभग तीन सौ वर्ष पूर्व विभिन्न देशों में कागजी मुद्रा का चलन प्रारंभ हुआ। हालाँकि कागजी मुद्रा दो हजार साल से भी ज्यादा समय से चीन में चल रही थी, पर लोकप्रिय नहीं हो पाई थी। वहाँ पर मालबरी पेड़ की छाल से बने कागज पर नीले रंग की स्याही से लिखकर नोट दिए जाते थे। धीरे-धीरे कागजी मुद्रा सभी देशों में चलने लगी। अलग-अलग देशों में मुद्रा का अलग-अलग नाम दिया गया। भारत, पाकिस्तान, श्रीलंका आदि में रुपया ही मुद्रा है। अमेरिका में डॉलर, इंग्लैंड में पौंड मुद्रा है। रुपयों को पैसों में बाँटा जाता है और डॉलर को सेंट में। इस प्रकार आज विश्व में छोटी-बड़ी मुद्राएँ मौजूद हैं।

बड़ी रकम कागज की मुद्रा के रूप में उपलब्ध है, जबकि छोटी रकम अभी भी धातु की मुद्रा के रूप में ही मिलती है। सोने या चाँदी का प्रयोग अब मुद्रा के रूप में कतई नहीं होता। सन् 1853 में अमेरिका में 50 डॉलर का सोने का सिक्का अवश्य जारी हुआ था, पर उसके बाद सोने या चाँदी के सिक्के कहीं जारी नहीं हुए। अब निकिल का प्रयोग धातु के सिक्कों के रूप में होता है। यह निकिल भी शुद्ध नहीं होता; इसमें अन्य धातुएँ मिलाई जाती हैं।

प्रथम विश्वयुद्ध के समय मुद्रा के एक नए रूप का प्रचलन प्रारंभ हुआ और

वह था क्रेडिट कार्ड। मगर उस समय यह चल नहीं पाया। बाद में (सन् 1960 के दशक में) यह खासा लोकप्रिय हो गया और अब तो इसकी लोकप्रियता बढ़ती ही जा रही है। कंप्यूटर के प्रयोग ने क्रेडिट कार्ड के जरिए पेपर-रहित बैंकिंग की शुरुआत कर दी है। संभावना है कि आनेवाले समय में लोग क्रेडिट कार्ड से ही चीजें खरीदेंगे और तब कागजी मुद्रा का प्रचलन कम हो जाएगा। जो भी हो, मुद्रा के विकास ने एक लंबा सफर तय किया है।

□

चारपाई या पलंग

नींद का सुख सबसे बड़ा सुख है। यदि पूरी नींद न हो पाए तो सारे सुखों के बावजूद मनुष्य बेचैन-सा रहता है। यदि नियमित रूप से नींद पूरी न हो तो व्यक्ति के स्वास्थ्य पर विपरीत प्रभाव पड़ता है। कहते हैं कि अगर नींद में बारह घंटे का विलंब हो जाए तो व्यक्ति के शरीर को सामान्य स्थिति में आने में तीन हफ्ते लग जाते हैं।

व्यक्ति आम तौर पर प्रतिदिन आठ घंटे सोया करता है। इस हिसाब से यदि देखा जाए तो वह साल में पूरे एक सौ इक्कीस दिन अपने बिस्तर पर बिताता है। यदि वह सत्तर साल जीता है तो लगभग तेईस-चौबीस साल बिस्तर पर सोते ही बीतते हैं।

सोने के लिए चारपाई या पलंग की आवश्यकता होती है। देखने में सरल सी लगनेवाली चारपाई का विकास होने में भी काफी समय लगा। प्रारंभ में मनुष्य थकने पर पत्ते बिछाकर सो जाता था। कभी वह समतल चट्टान पर सोता था तो कभी लकड़ी के चौड़े फट्टे पर। आराम के लिए वह नीचे घास या पुआल बिछा लेता था। बाद में वह जानवरों की खाल बिछाने लगा। चैन से सोने के लिए उसने एकांत में सोना प्रारंभ कर दिया। उसने अपनी चारपाई के चारों ओर परदे लगाना प्रारंभ कर दिया। धीरे-धीरे लकड़ी के फट्टे की जगह चारपाई ने ले ली।

पहली चारपाई कब और किसने बनाई—यह विवादास्पद है; पर यह निर्विवाद

तथ्य है कि बनने के बाद यह शीघ्र ही लोकप्रिय हो गई। लोग अपनी सुविधा और सामर्थ्य के अनुसार इसका उपयोग करने लगे। गरीब आदमी सादी चारपाई पर सोता था और अमीर आदमी सुंदर और महँगे पलंग पर। प्राचीन ग्रंथों में राजा-महाराजाओं के सुंदर पलंगों और सेजों के वर्णन खूब पढ़ने को मिलते हैं।

कुछ लोगों को अपने बिस्तर या पलंग पर ही नींद आती है। कई बार राजा अगर शिकार या युद्ध के लिए जाता था तो उसका पलंग भी उसके साथ ले जाया जाता था। लोग अपना ऐश्वर्य अपने पलंग के जरिए दिखाना चाहते थे। तीसरी शताब्दी में रोम के सम्राट् हेलियो गबालस ने चाँदी का ठोस पलंग बनवाया था। इसी तरह सोलहवीं सदी में इंग्लैंड में एक विशाल पलंग का निर्माण हुआ, जो 11 फीट लंबा और 10 फीट चौड़ा था। यह इतना बड़ा था कि इसपर पूरा परिवार सो सकता था। यह विशालकाय पलंग भी इंग्लैंड के अजायबघर में सुरक्षित रखा हुआ है।

सत्रहवीं सदी में एक फ्रांसीसी राजनीतिज्ञ ने पलंग ही नहीं, पूरा शयनकक्ष अपने लिए विशेष रूप से तैयार करवाया, जिसमें पलंग के अलावा मेज, कुरसी आदि भी थीं। जब वह कहीं जाता था तो उसके शयनकक्ष की सामग्री को चौबीस मजदूर ढोकर पीछे-पीछे ले जाया करते थे।

आज हम पानी के बिस्तर को प्रयोग में लाते देखते हैं। विशेष रूप से बीमार लोग, जिन्हें लगातार बिस्तर पर लेटे रहना पड़ता है, इसका इस्तेमाल करते हैं। इससे उन्हें फोड़े आदि होने की आशंका कम होती है। पानी के बिस्तर की परंपरा भी बहुत पुरानी है। प्राचीन काल में तो इसपर तरह-तरह के प्रयोग भी होते थे। एक हजार साल पहले मिस्र के शासक खुमारवायन ने अपने लिए पानी का बिस्तर बनवाया था। यह चमड़े का बिस्तर था, जो एक छोटे से पूल में तैरता रहता था। इस पूल में पारा भरा रहता था। इतने महँगे इंतजाम के लिए उस शासक ने लोगों पर भारी कर लगा रखे थे और इस कारण लोग नाराज भी रहते थे।

आज विश्व में असंख्य और हर आकार, आकृति एवं डिजाइन के बिस्तर उपलब्ध हैं। गोल आकार के बिस्तर, मोटरयुक्त बिस्तर, पानी के बिस्तर, लटके हुए बिस्तर, झूलते हुए बिस्तर आदि उपलब्ध हैं। एक साधारण पलंग तेरह-चौदह वर्ष चल जाता है। एक व्यक्ति अपने जीवन काल में कई बिस्तर/पलंग बदलता है। पलंग या चारपाई में परिवर्तन की यह प्रक्रिया आगे भी जारी रहेगी।

□

वैक्यूम क्लीनर

सफाई का महत्त्व मनुष्य को प्रारंभ में ही ज्ञात हो गया था। वह अपनी हर चीज को झाड़-पोंछकर, धोकर साफ रखने का प्रयत्न करता था। बाद में जब दरी, कालीन आदि चीजें प्रयोग में आने लगीं तो सफाई में समस्या आने लगी। शहरों में औद्योगिक क्षेत्रों में धूल की समस्या बढ़ने लगी। सफाई के सामान्य साधन धूल उड़ाने में तो सक्षम थे, पर एक जगह से उड़ी धूल दूसरी जगह पर फिर जम जाती थी और सफाई की समस्या जस-की-तस रह जाती थी।

इस दिशा में अनेक प्रयास हुए। पहले-पहल जो उपकरण बनाए गए, वे वैक्यूम पर आधारित तो थे, पर वे धूल खींचने की बजाय धूल को तेजी से उड़ाते थे। जब उन उपकरणों को चलाया जाता तो बेतहाशा धूल उड़ती थी। तब वहाँ पर खड़े रहना भी सफाई कर्मचारी के लिए दूभर हो जाता था।

अब वैज्ञानिकों ने सोचा कि यदि धूल को अंदर खींच लिया जाए तो सारी समस्या हल हो जाएगी। एकत्र धूल को बाद में सुरक्षित स्थान पर फेंका जा सकता है।

उस समय बिजली नहीं थी। अतः मोटर के जरिए वैक्यूम उत्पन्न करना संभव नहीं था। हाथ के पंप से वैक्यूम उत्पन्न किया जाने लगा। वैक्यूम क्लीनर को चलाने

के लिए दो लोगों की आवश्यकता होती थी। एक व्यक्ति लगातार पंप चलाकर वैक्यूम उत्पन्न करता था और दूसरा व्यक्ति साथ लगे हौज को कालीन आदि के पास घुमाता था, ताकि धूल वहाँ से खिंचकर वैक्यूम क्लीनर के बक्से में एकत्र हो जाए।

प्रारंभ में फिल्टर भी नहीं था। धूल, गंदगी के अलावा छोटी-मोटी चीजें भी खिंचकर बक्से में पहुँच जाती थीं। एक बार जब एक विक्रेता अपने नए वैक्यूम क्लीनर का प्रदर्शन कर रहा था, तो ह्यूबर्ट बूथ नामक व्यक्ति ने भी उसे देखा। उसे लगा कि इस उपकरण में अभी भी कमी है। इसमें बीच में फिल्टर लगाया जाना चाहिए।

वह सोचता रहा। उसने घर में तरह-तरह के प्रयोग भी किए। इसी क्रम में उसने अपना रूमाल लिया और गंदे कालीन के सामने रखा। अब वह रूमाल मुँह में लगाकर जोर-जोर से मुँह से साँस खींचने लगा। थोड़ी देर में उसने देखा कि रूमाल का वह हिस्सा, जो मुँह के सामने था, काला हो गया है। उसे अपनी समस्या का हल मिल गया। उसने कपड़े को फिल्टर के रूप में इस्तेमाल करना प्रारंभ कर दिया।

बूथ हाथ से उत्पन्न किए जानेवाले वैक्यूम से भी संतुष्ट नहीं था। बिजली उस समय थी नहीं। उसने गैस से मोटर चलाकर वैक्यूम उत्पन्न किया और कपड़े के फिल्टर का इस्तेमाल किया। यह नया क्लीनर ज्यादा सफल रहा।

पर यह वैक्यूम क्लीनर दैत्याकार था। इसका वजन एक क्विंटल से भी ज्यादा था। बूथ ने सोचा कि उसे बेचना कठिन है। अब उसने सफाई-सेवा प्रारंभ की। उसने घोड़ागाड़ी पर अपनी मशीन को लादा और लोगों के घर-घर जाकर सफाई करने लगा। उसकी गाड़ी में सैकड़ों फीट लंबे हॉज पाइप लगे थे, जो घर की खिड़कियों से अंदर जाते थे और गंदगी खींचकर बाहर कर देते थे।

पर यह सेवा कुछ साल ही चल पाई। इस सफाई-सेवा में शोर बहुत होता था। घरवालों को बाहर बैठना पड़ता था। पड़ोसी भी परेशान हो जाते थे। शोर से घोड़ागाड़ी के घोड़े भी बिदक जाते थे और दुर्घटना का खतरा उत्पन्न हो जाता था।

जब बिजली की मोटर आई तो दैत्याकार वैक्यूम क्लीनर का आकार छोटा होता चला गया। सन् 1905 में सेन फ्रांसिस्को की कंपनी ने जो वैक्यूम क्लीनर बनाया, उसका वजन लगभग 40 किलो था। उसे ट्रॉली पर रखकर एक जगह से दूसरी जगह ले जाया जा सकता था।

दो साल बाद ओहियो में और भी छोटा वैक्यूम क्लीनर बना। सन् 1908 में हूवर ने इस व्यवसाय में प्रवेश किया। अब वैक्यूम क्लीनर अधिकांश घरों में उपलब्ध होने लगा है। इसका इस्तेमाल भी आसान हो गया है।

□

साइकिल

पहिए के आविष्कार के साथ ही मनुष्य ने साइकिल की परिकल्पना कर डाली थी। उसे लगने लगा था कि दो पहियों के सहारे कम मेहनत में और कम समय में अधिक दूरी तय की जा सकती है।

अनुमान है कि मिस्र में ईसा पूर्व 1200 में ही साइकिल की परिकल्पना की जा चुकी थी। इसका चित्र एक मकबरे पर बना मिला है, जिसमें दो पहिए हैं, जो आपस में जुड़े हैं, पर उनमें पैडल नहीं हैं। यह पैरों द्वारा धक्का देकर चलाई जाती रही होगी। इस प्रकार के प्रयोग मिस्र, बेबीलोन, इटली आदि देशों में किए गए। इन सभी जगहों की साइकिलों में न तो पैडल था और न ही स्टीयरिंग। लोग इसे समय के साथ भूल भी गए।

सन् 1861 में नीपसे नामक फ्रांसीसी ने इसे दोबारा बनाया और उसमें स्टीयरिंग भी लगाया। इसके पहिए लकड़ी के थे। इसका नाम सेली रिपेड रखा गया। इसी प्रकार का प्रयोग सन् 1817 में एक जर्मन बैरॉन कार्ल वॉन ड्रेस ने भी किया। इसमें भी पैडल नहीं थे। पर इसकी चर्चा इंग्लैंड तक पहुँच गई और लोग इसे हॉबी हॉर्स के नाम से जानने लगे।

सन् 1839 में स्कॉटलैंड के एक लोहार किर्क पैट्रिक मैकमिलन ने बाइसिकिल का नया मॉडल तैयार किया, जिसमें पैडल भी थे; पर ये उस तरह गोलाई में नहीं

घूमते थे जिस तरह आज के पैडल घूमते हैं। ये पैडल आगे-पीछे घूमते थे।

साइकिल में सुधार की प्रक्रिया जारी रही। सन् 1871 में जेम्स स्टार्ले नामक अंग्रेज ने नई साइकिल तैयार की, जो आधुनिक साइकिल से काफी मिलती-जुलती है। इसका अगला पहिया बहुत बड़े और पिछला पहिया बहुत छोटे आकार का था। इसमें ब्रेक नहीं था। फलतः ढलान आदि पर साइकिल-सवार के गिरने की संभावना ज्यादा रहती थी।

सन् 1874 में एच.जे. लासन ने साइकिल का जो मॉडल तैयार किया, उसमें दोनों पहिए एक आकार के थे और पैडल चेन से जुड़ा था। यह साइकिल काफी सुरक्षित थी। सन् 1885 में पैडल में और सुधार किया गया तथा 1888 में जॉन डनलप ने हवा भरे टायर इसमें लगाए। इससे साइकिल की सवारी ज्यादा सुगम और सुरक्षित हो गई।

अन्य चीजों की तरह साइकिल के क्षेत्र में भी तरह-तरह के प्रयोग हुए। इनके विचित्र परिणाम हुए। एक बड़ी साइकिल बनाई गई, जो 23 फीट लंबी थी और उसे 10 लोग मिलकर चलाते थे। इसका वजन लगभग 140 किलो था।

डायमंड जिम ब्रेडी नामक प्रेमी ने अपनी अभिनेत्री प्रेमिका लिलियन रसेल को एक विशेष साइकिल उपहार में दी थी, जिसका मूल्य उस समय 10,000 पौंड था। उसपर सोने की परत चढ़ी थी तथा हैंडल में मोती जड़े थे। पहियों की स्पोक पर हीरे, मणिक आदि जड़े गए थे।

साइकिलों पर प्रयोग जारी रहे। कुछ आविष्कारकों ने इसमें दो से अधिक पहिए लगाने का प्रयास भी किया। कुछ ने इसे नाव में लगाकर पानी में साइकिल चलाने का भी प्रयास किया। कुछ ने ऐसी साइकिल बनाने का प्रयास किया, जिसपर पूरा परिवार बैठकर जा सके। कुछ ने इसमें भाप का इंजन जोड़ने का भी प्रयास कर डाला। एक अंग्रेज आविष्कारक ने सौर ऊर्जा से चलनेवाली साइकिल बनाई, जो धूप में अपने आप चलती थी, पर बादल आते ही इसके पैडल चलाने पड़ते थे।

साइकिल की गति बढ़ाने के भी प्रयास किए गए। अनेक लोगों ने साइकिल पर अपने देश का भ्रमण किया। ग्यारह वर्षीय बेकी गोर्टन ने 6 जून, 1973 को वाशिंगटन से यात्रा प्रारंभ की और 22 जुलाई को बोस्टन में समाप्त की। हमारे देश में तो अनेक प्रकार के संदेश लेकर साइकिल चालक आएदिन दूर-दूर तक यात्रा करते हैं।

थॉमस स्टीवेंस ने साइकिल पर लगभग पूरे विश्व की यात्रा कर डाली। अप्रैल 1884 में सेन फ्रांसिस्को से वह चला और अमेरिका की यात्रा पूरी करके जहाज द्वारा

द्वारा यूरोप पहुँचा। वहाँ से साइकिल से ही यूरोप व एशिया की यात्रा पूरी करके जहाज द्वारा वह सेन फ्रांसिस्को पहुँच गया। उस ऐतिहासिक यात्रा में तीन वर्ष से कुछ ही कम समय लगा।

जहाँ एक ओर तेज से तेज गति में साइकिल चलाने का रिकॉर्ड है, वहीं धीमी से धीमी गति में साइकिल चलाने का भी रिकॉर्ड है। सन् 1965 में जापान के टी. मित्सुसी ने सबसे धीमी गति का रिकॉर्ड बनाया। वे पाँच घंटे पच्चीस मिनट तक साइकिल पर सवार रहे, पर एक इंच भी आगे नहीं बढ़े। पैडल आगे-पीछे करके साइकिल का संतुलन उन्होंने बनाए रखा।

जमीन और पानी पर साइकिल चलाने के अलावा हवा में भी इसे चलाने का प्रयास किया गया, पर वह विफल रहा। यहाँ रोचक बात यह है कि हवाई जहाज बनानेवाले राइट बंधु पहले साइकिल मरम्मत किया करते थे।

आम आदमी का सहारा और लोकप्रिय वाहन साइकिल अभी भी शोध का विषय है।

□

कार

प्रख्यात चिंतक फ्रायर रोजर बेकन ने सन् 1260 में भविष्यवाणी की थी कि एक दिन ऐसा आएगा, जब गाड़ियाँ बिना घोड़ों के चलेंगी। उनकी गति काफी ज्यादा होगी।

सदियों तक यह कल्पना ही रही। सन् 1771 में फ्रांस के इंजीनियर निकोलस कार्नोट ने एक तिपहिया वाहन भाप के इंजन से चलाकर दिखाया। किंतु वह भारी-भरकम गाड़ी कुछ खास प्रभावी नहीं थी।

सन् 1860 में बेल्जियम के एक इंजीनियर लीनोर ने कोयले की गैस से चलनेवाली कार सड़क पर चलाकर दिखाई। उसका आकार पहियों पर रखे ताबूत (कॉफीन) जैसा था। इसमें डेढ़ हॉर्सपावर का इंजन लगा था। तीन पहियोंवाली यह कार 4 मील प्रति घंटे की रफ्तार तक चलती थी। इसके पिछले दोनों पहिए बड़े आकार के थे, जबकि अगला पहिया छोटे आकार का था, जो स्टीयरिंग से जुड़ा था।

लीनोर द्वारा बनाई गई पहली कार को रूस के शासक जार एलेक्जेंडर द्वितीय ने खरीदा था; पर उन्होंने उस कार को कभी चलाया या नहीं, यह ज्ञात नहीं है। ज्यों ही यह कार रूस आई, तुरत ही गायब हो गई। किसी को उसका पता नहीं चला।

जो भी हो, उस समय के लिए यह एक विस्मयकारी वस्तु थी और अनेक आविष्कारक इसके पीछे लगे थे। सन् 1885 में डैमलर नामक जर्मन इंजीनियर ने गैसोलीन से चलनेवाले इंजन पर आधारित कार बाजार में उतारी। बाद में डैमलर ने साइकिल पर अपने इंजन को लगाकर मोटरसाइकिल भी बनाई।

सन् 1886 में कॉर्ल बेंज नामक एक अन्य जर्मन इंजीनियर ने अपनी कार जनता के सामने पेश की। इस प्रकार ऑटोमोबाइल उद्योग चल पड़ा। अनेक लोगों ने कार को लोकोपयोगी बनाने में योगदान किया। एक अंग्रेज ने सन् 1896 में विद्युत् स्टार्टर बनाया, जबकि चेकोस्लोवाकिया के एक वैज्ञानिक ने इसके बंपर 1897 में तैयार किए।

पहले इंजन चेन खींचता था और इसके सहारे पिछला पहिया चलता था। सन् 1898 में ड्राइव शॉफ्ट तैयार किया गया। तब चेन से छुटकारा मिल गया। हवा भरे हुए टायर पहले फ्रांस में लगाए गए। सन् 1916 में एक अमेरिकी वैज्ञानिक ने शीशे पर से बारिश का पानी साफ करने के लिए विंड शील्ड वाइपर तैयार किया।

अमेरिका के रैंसम ओल्ड ने बड़े पैमाने पर कारों के उत्पादन की योजना बनाई। सन् 1908 में हेनरी फोर्ड इस क्षेत्र में आए। उस समय कार के पुर्जे कन्वेयर बेल्ट पर चलते थे और अर्धशिक्षित कारीगर इसके पुर्जे जोड़ते थे। फोर्ड ने इसे जोड़ने की प्रक्रिया को और कारगर बनाया। अब 115 मील लंबी कन्वेयर बेल्ट पर कार का मुख्य ढाँचा और पुर्जे धीरे-धीरे आगे बढ़ने लगे और रास्ते में एक-एक कारीगर अपने-अपने काम योजनाबद्ध तरीके से करने लगा। इससे कार का उत्पादन कम समय में होने लगा। फोर्ड ने अपना टी मॉडल बाजार में उतारा, जो अच्छा-खासा सस्ता था।

ज्यों-ज्यों बाजार में कारों की संख्या बढ़ने लगी त्यों-त्यों घोड़ों और बग्घी के दिन लदने लगे। विशेष बात यह थी कि उस समय लोग दो कारणों से कारों का स्वागत कर रहे थे। पहला कारण यह था कि घोड़ागाड़ी में यात्रा को लोग असुरक्षित और कार को सुरक्षित मानते थे; दूसरी बात यह थी कि घोड़ों से तरह-तरह का प्रदूषण, ध्वनि-प्रदूषण, उनके मल के कारण गंदगी होती थी। लोग समझते थे कि कारों के आने से प्रदूषण पर रोक लग जाएगी।

सन् 1911 में एक प्रमुख अखबार के संपादक ने लिखा कि ये कारें यात्रा के लिए ज्यादा सुरक्षित होंगी तथा सड़कों पर जानवरों द्वारा गिराई जानेवाली गंदगी पर भी अब रोक लगेगी।

पर कारों में चलना सुरक्षित नहीं रहा। कार्ल बेंज की कार 13 कि.मी. प्रति घंटा की रफ्तार से चलती थी और आज की कारें 100-120 कि.मी. प्रति घंटा की रफ्तार से दौड़ती हैं। दुनिया भर में हजारों लोग प्रतिवर्ष कार दुर्घटनाओं में मारे जाते हैं और इससे कहीं ज्यादा लोग विकलांग हो जाते हैं। इसके अलावा कारों के कारण वायु-प्रदूषण फैल रहा है। बड़े शहरों में टनों की मात्रा में प्रदूषणकारी पदार्थ निकलते हैं।

फिर भी कारों की संख्या बढ़ रही है। लाखों किलोमीटर लंबी सड़कें यातायात के लिए बनाई जा चुकी हैं और आगे भी बनाई जा रही हैं। एक और खतरा बढ़ रहा है। जिस रफ्तार से कारें बढ़ रही हैं, यदि वही रफ्तार रही तो पृथ्वी पर उपलब्ध तेल भंडार समाप्त हो जाएँगे और ईंधन के लिए नए स्रोत की तलाश करनी पड़ेगी। □

लॉन ग्रास कटर
(लॉन की घास काटनेवाली मशीन)

अठारहवीं सदी तक घास काटना मेहनत का काम था। पहले पानी छिड़ककर घास को नम किया जाता था और उसके बाद उसे लंबे हँसिए से काटा जाता था। गरमियों में तो घास काटनेवाला पसीने से तर-बतर हो जाता था।

उन्नीसवीं सदी के प्रारंभ में एडविन बडिंग इंग्लैंड की कालीन बनानेवाली एक फैक्टरी में काम करता था। उसे और भी कई काम करने पड़ते थे। उनमें लॉन की घास काटना भी एक काम था। यह काम उसे बहुत ज्यादा खलता था।

उसी दौरान उसने अपनी फैक्टरी में एक नई मशीन देखी, जिसका नाम रोटरी शियटर था। इस मशीन में काटनेवाले ब्लेड गोल-गोल घूमते थे। जब वह कालीन पर घुमाई जाती थी तो वह इसके अतिरिक्त रेशे काट डालती थी।

बडिंग ने अंदाज लगाया कि यह मशीन कालीन के रेशे काट सकती है तो अतिरिक्त घास भी अवश्य काट लेगी। उसने बड़े आकार की मशीन बनाना प्रारंभ किया, जिसमें कई ब्लेड लगे थे, जो पहियों से जुड़े होते थे। ज्यों-ज्यों उसके पहिए आगे बढ़ते त्यों-त्यों साथ लगे ब्लेड अतिरिक्त घास को काट देते थे।

इस मशीन से सूखी घास काटना भी आसान हो गया। समय की काफी बचत होने लगी। पर यह धक्का देकर चलनेवाली मशीन एडविन बडिंग के जीवनकाल में लोकप्रिय नहीं हो पाई। इसका एक कारण यह था कि यह महँगी ज्यादा थी। पचास साल बाद घरों-दफ्तरों के सामने साफ-सुथरा घास का लॉन प्रतिष्ठा का विषय माना जाने लगा। अब लॉन की घास काटने की मशीन की माँग बढ़ने लगी। ज्यादा संख्या में उत्पादन के कारण दाम भी गिरने लगे। अब यह तेजी से लोकप्रिय होती चली गई।

पर लोग हाथ से धक्का देकर चलाए जानेवाले इस लॉन घास कटर से संतुष्ट नहीं थे। एडविन जॉर्ज, जो अमेरिकी सेना में कर्नल थे, ने भी कई बार अपने घर के लॉन में इससे घास काटी। उन्होंने पाया कि इसमें सुधार की गुंजाइश है।

कर्नल ने अपनी पत्नी की वाशिंग मशीन को भी बड़े ध्यान से देखा, जो गैसोलीन मोटर से चलती थी। उन्नीसवीं सदी के प्रारंभ में उन्होंने गैसोलीन से चलनेवाली मोटर लॉन के ग्रास कटर में लगा दी। यह एक नया प्रयोग था, जो बेहद सफल हुआ।

अब घास काटने में लगनेवाली शारीरिक मेहनत और भी कम हो गई। □

पालतू जानवर

घरों में अनेक प्रकार के पालतू जानवर पाले जाते हैं। इन जानवरों, जो आदि काल में जंगलों में अलग रहा करते थे, को पालतू बनाना भी किसी आविष्कार से कम नहीं था।

अनुमान है कि पहले-पहल जंगली कुत्तों को पालतू बनाया गया होगा। मनुष्य ने उन्हें अपना बचा-खुचा भोजन दिया होगा और इसके लालच में वे कुत्ते मनुष्य के आगे-पीछे घूमने लगे होंगे। उनमें से कुछ अनुकूल स्वभाव के कुत्ते रहे होंगे, जिन्हें मनुष्य पसंद करता होगा। वे साथ लगे रहे और शेष भगा दिए गए या भाग गए। ये कुत्ते मनुष्य की चौकीदारी करने लगे और जंगली जानवरों के आक्रमण या आहट की स्थिति में मनुष्य को सतर्क करने लगे। धीरे-धीरे वे मनुष्य के परिवार के अंग बन गए।

बाद में इन पालतू कुत्तों की कई प्रजातियाँ विकसित हुईं। डचशुंड, ग्रेहाउंड आदि प्रजातियाँ काफी लोकप्रिय हुईं। विशेष बात यह है कि जहाँ इन्होंने मनुष्य की सुरक्षा में योगदान किया वहीं मनुष्य ने भी इनकी सुरक्षा की। यदि कुत्ते जंगलों में छोड़ दिए जाते तो शायद बच न पाते।

बाद में गाय, भैंस, बकरी, भेड़ जैसे दुधारू जानवर पालतू बनाए गए। इनसे मनुष्य को दूध, गोबर आदि मिलने लगा। मनुष्य इनकी सुरक्षा जी-जान से करने लगा और इनकी संख्या बढ़ती चली गई। इसी प्रकार मुरगियाँ, सुअर आदि भी पाले

गए। ये मनुष्य के लिए बहुत ही उपयोगी साबित हुए।

कुछ लोग पक्षी भी पालने लगे। तोते बड़ी तादाद में अब भी पाले जाते हैं। हालाँकि पक्षियों को पिंजरे में अपार कष्ट होता है, फिर भी लोग मात्र अपनी खुशी के लिए उन्हें पालते रहे हैं।

कुछ लोग घोड़ा पालते हैं। धोबी गधे पालते हैं। एक रोमन सम्राट् ने शेर पाला था। शेर उसके साथ-साथ चलता था।

इन पालतू जानवरों की सुख-सुविधा के लिए अनेक प्रयास समय-समय पर किए गए। इनके भोजन के लिए अनेक शोध किए गए। इनको स्वस्थ रखने के लिए चिकित्सा-पद्धति का विकास किया गया। आज ड्राइंगरूम में मछली, बालकनी में तोता और दरवाजे पर कुत्ता—अर्थात् भूचर, नभचर, जलचर मनुष्य की सेवा कर रहे हैं।

□

घर

विश्व के प्राचीन आविष्कारों में से एक है घर, जो हमारे लिए अत्यंत महत्त्वपूर्ण है। प्राचीन काल में मानव गुफाओं में रहता था। कभी-कभी उसे घने पेड़ों के नीचे भी रहना पड़ता था।

कई बार शिकार की तलाश में जब वह नई जगह जाता था तो उसे अपने लिए गुफा जैसे घर का इंतजाम करना पड़ता था। वह चट्टानों, पेड़ों की डालियों आदि की सहायता से गुफानुमा घर बनाने लगा। कई बार वह जमीन में गड्ढा खोदकर, उसके ऊपर झाड़ियाँ डालकर रहता था। इससे गरमियों में गरमी से उसका बचाव होता था और सुरक्षा भी हो जाती थी; पर बरसात में पानी भर जाता था।

हजारों सालों तक मनुष्य इन तकलीफदेह निवासों में रहता रहा। उसके बाद उसने पत्थरों के छोटे टुकड़ों और बाद में ईंट से मकान बनाना प्रारंभ किया। मोहनजोदड़ो और हड़प्पा की खुदाई में ईंटों के मकान मिले हैं। ये मकान काफी सुविधा-संपन्न थे।

उधर पश्चिम में रोम निवासी और यूनानी भी चौकोर मकान बनाने लगे, जो बड़े आकार के होते थे। पहले यूरोप के मकानों में अलग-अलग कमरे नहीं होते थे। एक ही हॉल होता था, जहाँ बीच में आग जलती थी और उसका धुआँ ऊपर निकलने के लिए चिमनी होती थी। लोग इस आग के चारों ओर सो जाया करते थे।

सन् 1200 के आस-पास मौसम ज्यादा ठंडा होने लगा। अब लोग मकान को लगातार और गरम रखने के उपाय करने लगे। चिमनी हटा दी गई। अब अलग-अलग कमरों में आग जलाई जाने लगी। अलग-अलग कमरों ने मनुष्य को निजी जीवन की गोपनीयता भी प्रदान की। अब गोपनीयता का महत्त्व समझ में आने लगा। उन्होंने घरों में सोने के लिए अलग, खाने के लिए अलग, उठने-बैठने के लिए अलग कमरे बनाने प्रारंभ किए। खाने पकाने, नहाने-धोने के लिए अलग-अलग जगहें निर्धारित कर दी गईं।

धीरे-धीरे गृह-निर्माण ने इंजीनियरिंग का रूप धारण कर लिया। घर में आवश्यकतानुसार धूप तथा हवा का प्रवेश और जल की आपूर्ति सुनिश्चित की जाने लगी। पलंग, मेज, कुरसी आदि रखने के लिए जगह का ध्यान रखते हुए कमरों के आकार-प्रकार का निर्धारण किया जाने लगा।

हमारे देश में घर को कष्टमुक्त बनाने के लिए वास्तुशास्त्र की खोज की गई, जिसमें दरवाजों, कमरों आदि की स्थिति इस तरह निर्धारित की गई कि मनुष्य हर प्रकार से अनुकूल परिस्थिति में रह सके।

□

काँटेदार तार

मनुष्य को अपनी, अपने पशुओं तथा फसल की सुरक्षा की चिंता सदा सताती रहती थी। वह किसी स्थान विशेष पर बसने से पूर्व ही अपनी सुरक्षा के लिए प्रारंभ से ही काँटेदार झाड़ियाँ आदि लगाया करता था। इन झाड़ियों से आड़ हो जाती थी और बाहरी व जंगली हिंसक पशु अंदर के पशुओं या अनाज को कम देख पाते थे और यदि देख भी लेते थे तो उन्हें आक्रमण करने में थोड़ी परेशानी या देर हो जाती थी। तब तक कुत्ते और अन्य जानवर शोर मचाना प्रारंभ कर देते थे और मनुष्य सुरक्षा के लिए सतर्क हो जाता था।

अमेरिका में जब यूरोप के लोग तेजी से बसने लगे तो उन्होंने बड़े-बड़े भूखंडों पर कब्जा किया और वहाँ खेती करना प्रारंभ किया; पर फसल ज्यों ही तैयार होने लगती, दूसरे शाकाहारी पशु उन फसलों को चट कर जाते थे। अनेक लोग, जो चरवाहे का काम करते थे, जान-बूझकर दूसरों के खेतों में अपने पशु छोड़ देते थे और फसल बरबाद हो जाती थी।

ऐसे ही एक किसान जोसेफ ग्लिडेन ने इसका पक्का हल ढूँढ़ना शुरू किया। इलीनोयस में बसे इस किसान ने अपने घर के पीछे तारों को मरोड़ना और उनसे काँटे बनाने का काम प्रारंभ कर दिया। सन् 1874 में उसने न सिर्फ ये काँटेदार तार तैयार कर लिये वरन् उन्हें पेटेंट भी करा लिया।

जब उसने अपने खेतों के चारों ओर कँटेदार तारों की बाड़ लगाई तो उससे ग्लिडेन के खेतों की सुरक्षा तो हुई ही, दूसरे किसानों को भी यह व्यवस्था पसंद आई। उन्हें यह उपाय सस्ता और विश्वसनीय लगा।

लेकिन चरवाहों को यह बहुत बुरा लगा। उन्होंने इसका मुकाबला करने की ठान ली। एक ओर किसान दिन में कँटेदार बाड़ लगाते तो दूसरे दिन वह कटी हुई मिलती, क्योंकि चरवाहे उसे उसी रात काट देते थे।

पर यह जंग ज्यादा दिन नहीं चली। अंततः कँटेदार तार लगाने की कोशिश चलती रही। इसका एक लाभ यह हुआ कि अमेरिका के कुछ उपजाऊ इलाके अनाज के रूप में सोना उगाने लगे और अधिकाधिक लोगों के लिए अनाज उत्पादन और निर्यात होने लगा। साधारण जंग लगे लोहे के काँटे उनके लिए सोने जैसे बन गए।

आज भी लोग अपने घर के पास के बगीचे में ऐसी ही बाड़ इसी उद्देश्य से लगाते हैं।

□

सिलाई मशीन

सदियों से लोग हाथ से सिलाई करते आ रहे थे। हाथ से सिलाई बहुत धीरे-धीरे हो पाती थी। यह सिलाई उतनी मजबूत भी नहीं हो पाती थी।

फ्रांस के एक दर्जी बर्थलेमी थिमोनियर ने पहले-पहल एक सीधी-सादी मशीन बनाई थी, जो एक बार में एक धागे से सिलाई करती थी। यह मशीन हाथ की सिलाई से ज्यादा तेजी से काम करती थी। इस कारण आस-पास के दर्जी घबरा गए और उन्हें लगा कि उनका कारोबार ठप पड़ जाएगा। अत: उन दर्जियों ने थिमोनियर की फैक्टरी पर हमला किया और वहाँ रखी बनी-अधबनी मशीनें तोड़-फोड़ डालीं। उन्होंने थिमोनियर को भी मार-मारकर अधमरा कर डाला।

उधर अमेरिका में इलियास हावे बोस्टन की एक मशीन शॉप में काम करता था। सन् 1839 में उसने अपनी फैक्टरी के मालिक को दूसरे कर्मचारी के साथ बात करते हुए सुना कि अगर कपड़ा सिलने की मशीन तैयार की जाए तो किस्मत बदल जाएगी।

हावे उस समय बमुश्किल सप्ताह में 2-3 डॉलर ही कमा पाता था। उसे लगा कि वह यह काम कर सकता है। उसने अपनी पत्नी को हाथ से सिलते हुए ध्यान से देखने की योजना बनाई, पर यह संभव नहीं हुआ। अब उसने नए तरीके की डिजाइन तैयार की, पर वह मशीन भी काम नहीं कर पाई।

एक दिन वह अपनी घड़ी ठीक कर रहा था। उसने देखा कि घड़ी के कई पुर्जे एक साथ काम करते हैं। अब उसे अपनी समस्या का हल मिल गया था। नई मशीन में उसकी दोनों सुइयाँ एक समय में एक साथ चलती थीं। एक ऊपर-नीचे चलती थी और दूसरी सीधी चलती थी। इससे दोनों का लूप बन जाता था। हावे की मशीन में सुई में छेद सामने होता था और हाथ से सिलनेवाली मशीन में पीछे।

सात साल के संघर्ष के पश्चात् हावे की मशीन आसानी से चलाने लायक हो गई। यह मशीन प्रति मिनट 250 टाँके लगा लेती थी, जबकि हाथ से सिलने में इतने ही समय में 30 टाँके लग पाते थे। पर यह मशीन महँगी साबित हुई। इसकी कीमत 300 डॉलर रखी गई थी।

अमेरिकी निर्माताओं ने इसका निर्माण अधिकार लेने से इनकार कर दिया। वह उसे बेचने इंग्लैंड तक गया और दो साल बाद लौटा। तब तक वह काफी गरीब हो चुका था। जब वह लौटकर आया तो उसने पाया कि उसकी मशीन की नकल दुकानों में 100 डॉलर में मिल रही थी।

हुआ यों कि जब हावे इंग्लैंड में था तब सिंगर नामक व्यक्ति ने उस मशीन को देखा और उसमें कई सुधार करके उसे प्रभावी बना दिया। उसने उसे पैर से चलाने लायक भी बना दिया और मशीन चलानेवाले के हाथ खाली हो गए। सिंगर की मशीन धड़ाधड़ बिकने लगी। उधर हावे को अदालत की शरण लेनी पड़ी। अंततः न्यायाधीश ने उसे मूल आविष्कारक माना और हर मशीन पर रॉयल्टी तय कर दी। जिंदगी भर गरीबी झेलनेवाले हावे को अब प्रति सप्ताह 4,000 डॉलर रॉयल्टी के रूप में मिलने लगे; पर हावे की किस्मत में खुशी ज्यादा दिन की नहीं रही। उसकी पत्नी उसके गरीबी के दिनों में चल बसी।

उधर सिंगर एक चतुर व्यवसायी था। उसने मशीन का जबरदस्त प्रचार-प्रसार किया। उसने चालीस मिनट में पैंट सिल दिया। उसने अपने सेल्समैनों को प्रचार हेतु घर-घर भेजा। उसने आसान किस्तों पर भी मशीनें बेचीं। मशीन की मरम्मत का भी मुकम्मल इंतजाम उसने किया।

सिलाई मशीन ने दुनिया का नक्शा ही बदल दिया। अमेरिकी गृहयुद्ध में सैनिकों की वर्दियाँ धड़ाधड़ सिली गईं। युद्ध के बाद सिले-सिलाए वस्त्रों का व्यापार तेजी से चल निकला। सिंगर खुद बहुत अमीर हो गया और उसने इंग्लैंड में संगमरमर का महलनुमा मकान बनवाया।

☐

बैंड एड

जोसेफाइन डिक्सन जब विवाह के पश्चात् अपने पति के साथ रहने आई तो उसके पति ने देखा कि उसके साथ रोज ही कोई-न-कोई छोटी-बड़ी दुर्घटना होती रहती है। कभी चाकू से सब्जी काटते समय उसका हाथ कट जाता था तो कभी छिल जाता था।

उसका पति अर्ल डिक्सन जॉनसन कंपनी में काम करता था। उसे रोजाना उसकी मरहम-पट्टी करनी पड़ती थी। अर्ल डिक्सन को अब यह भी चिंता होने लगी कि किसी दिन जब वह अपने दफ्तर में होगा और उसकी प्रिय जोसेफाइन को अगर चोट लग गई तो फिर क्या होगा!

इस बात के मद्देनजर अब अर्ल ने प्रयोग प्रारंभ किए। उसने एक सर्जिकल टेप लिया और उसे टेबल पर रखा। इसके बाद उसने एक गॉज लिया और उसे टेप के बीचोबीच रखा। यह टेप आसानी से चमड़ी पर चिपक जाए और फिर निकल जाए—इसके लिए अर्ल ने उसके ऊपर कपड़ा भी लगा दिया। अब ऐसा टेप तैयार हो गया, जिसे जोसेफाइन चोट लगने पर बिना किसी की मदद के लगा सकती थी।

अर्ल को अपना आविष्कार बहुत पसंद आया और उसने उसे अपनी कंपनी जॉनसन व जॉनसन के उच्चाधिकारियों को दिखाया। उन्हें भी यह बहुत पसंद आया

और सन् 1920 में इसका व्यावसायिक उत्पादन प्रारंभ हो गया। उन्होंने इसका नामकरण भी कर दिया, बैंड एड अर्थात् पहली चिकित्सीय सहायता के लिए टेप।

आज वही बैंड एड पूरे विश्व में लोकप्रिय है।

□

क्लीनेक्स (कागज के रूमाल)

रूमाल का इस्तेमाल मनुष्य लंबे समय से करता आया है। प्रारंभ में सूती कपड़े के रूमाल इस्तेमाल किए जाते थे। बाद में जब कागज का प्रयोग बढ़ा तो देखा गया कि कागज सिर्फ लिखने के ही नहीं, बल्कि हाथ साफ करने के काम में भी आता है।

सफाई के लिए कागज का प्रयोग पहले-पहल जापान में हुआ। जापानी लोग नाक पोंछने के लिए कागज का प्रयोग किया करते थे। वे कागज के छोटे-छोटे टुकड़े रखा करते थे और एक टुकड़े से नाक पोंछकर उसे कूड़े में फेंक देते थे। वे इसे हानागामी, यानी नाक पोंछनेवाला कागज कहते थे, पर वे यह कागज खरीदते नहीं थे वरन् रद्दी कागज के छोटे-छोटे टुकड़े करके इस्तेमाल करते थे।

किंबरले क्लार्क कंपनी ने सन् 1872 से अपना व्यवसाय प्रारंभ किया था। वह कंपनी कागज के विभिन्न उत्पाद बनाती थी।

प्रथम विश्वयुद्ध से ठीक पहले दुनिया में कपास की कमी हो गई और सूती कपड़ा महँगा मिलने लगा। जब लोगों को सफाई के लिए उचित पदार्थ की आवश्यकता महसूस हुई तो किंबरले क्लार्क कंपनी ने सेलू कॉटन नामक पदार्थ विकसित किया। इसमें लकड़ी की छालवाला सेलूलोज तथा कपास का मिश्रण था। इससे गीली चीजों को पोंछना आसान था। विश्वयुद्ध के दौरान इसका खूब प्रयोग

हुआ। लोग इसे प्राथमिक चिकित्सा के दौरान अस्पतालों में खूब इस्तेमाल करते थे। महँगे सूती बैंडेज (पट्टी) के स्थान पर भी इसे इस्तेमाल किया गया। जहरीली गैस से बचने के लिए इस्तेमाल होनेवाले मास्क में भी इसका उपयोग किया गया।

जब युद्ध समाप्त हुआ तो कपास की कमी का भी अंत हो गया। अब कंपनी ने सेलू कॉटन को दूसरे रूप में बेचना प्रारंभ किया। यह काफी मुलायम था और चेहरे पर लगाई जानेवाली क्रीमों तथा अन्य प्रसाधनों को हटाने में खासा उपयोगी था। अब कंपनी ने एक डिब्बे में 100 सेलू कॉटन के रूमाल बनाकर पैक किए और उन्हें बेचना प्रारंभ किया; पर हर पैकेट की कीमत 65 सेंट रखी गई थी। लोगों को यह महँगा लगा।

अब कंपनी ने विज्ञापन द्वारा अमीर लोगों को लुभाना प्रारंभ किया। पहले-पहल हॉलीवुड के अभिनेताओं और अभिनेत्रियों के हाथों ये पैकेट बेचे गए। उन्होंने विज्ञापनों में लोगों को बताया भी कि वे अभिनय के पश्चात् मेकअप उतारने में इसका इस्तेमाल करते हैं। पर बिक्री सामान्य ही रही।

अब कंपनी के इंजीनियरों व अधिकारियों ने इसे और उपयोगी तथा लोकप्रिय बनाने के लिए प्रयास किया। उन्होंने एक ऐसा पैकेट बनाया, जिसमें एक रूमाल निकालने पर दूसरा खुद आधा निकल आता था। इसके अलावा रूमालों को रंग भी दिया गया और नाम दिया गया 'क्लीनेक्स', ताकि साफ करने की इसकी क्षमता का प्रभाव लोगों पर पड़े। सन् 1929 में इसे पेटेंट भी करा लिया गया। 1930 में इसकी पैकिंग में और सुधार किया गया तथा लोगों के बीच सर्वे भी कराया गया।

धीरे-धीरे कागजी रूमाल का इस्तेमाल बढ़ने लगा तथा लोग कपड़े के रूमाल को छोड़ने लगे। दो साल के अंदर इसकी बिक्री चार गुना बढ़ गई—वह भी उन आर्थिक परिस्थितियों में, जब अमेरिका अपने इतिहास की सबसे भयंकर मंदी के दौर से गुजर रहा था। धीरे-धीरे क्लीनेक्स ब्रांड और अधिक लोकप्रिय होता चला गया।

□

ग्रीटिंग कार्ड

शुभ अवसर पर हर घर में ग्रीटिंग कार्ड दिखाई दे जाते हैं। कुछ लोग तो ग्रीटिंग कार्डों की झालर या कोलाज बनाकर घर सजाते हैं। शुभ अवसरों पर बधाई देने की परंपरा अत्यंत पुरानी है। विश्व के तमाम देशों में इसने अलग-अलग रूप में जन्म लिया। प्राचीन काल में जब कार्ड नहीं थे तो लोग खुशी के अवसर पर एक-दूसरे को गुलदस्ते दिया करते थे। फूलों का रंग अवसर की झलक देता था। सफेद फूलों को शांति का प्रतीक माना जाता था, जबकि रंगीन फूलों को खुशी और समृद्धि का। वे गुलदस्ते मिट्टी के पात्रों में होते थे तथा उनमें सिंदूरी रंग से बधाई संदेश लिखा होता था।

छठी सदी में रोम के नागरिकों ने अपने राजा को वीरता चक्र पर बधाई संदेश भेजा। नव वर्ष के अवसर पर भेजे गए इस संदेश में रोम की सीनेट और लोगों ने आगामी वर्ष के मंगलमय होने की कामना की थी।

सातवीं सदी में मिस्र में नव वर्ष पर सुगंध भरी बोतलें भेजने का रिवाज प्रारंभ हुआ। इस बोतल पर बधाई संदेश लिखा होता था। यह चलन काफी लोकप्रिय हुआ। दसवीं सदी में जर्मनी के लोगों ने पाम और केले के पत्ते पर हाथों से चित्रकारी करके बधाई संदेश बनाना और देना प्रारंभ किया। कुछ लोगों ने पशुओं की खाल के टुकड़े काटकर उन्हें बधाई संदेश के लिए प्रयोग किया। खाल में दुर्गंध

न रहे, इसलिए उसपर इत्र छिड़का जाता था।

सत्रहवीं सदी में रोम के एक कवि विजो ने बधाई-पत्रों पर 300 पंक्तियों की कविता भी लिख डाली। यह कविता उनके मरणोपरांत उनकी कब्र पर भी लिखी गई। यह शिलालेख आज भी मौजूद है।

बधाई-पत्रों का वर्तमान स्वरूप सन् 1843 में प्रारंभ हुआ, जब लंदन निवासी जे.आर. हार्स्ले ने अपने मित्र हेनरी कॉल को बधाई संदेश भेजा। इस स्वरूप को आगे बढ़ाने में योगदान किया महारानी विक्टोरिया ने, जो नव वर्ष पर लाखों ग्रीटिंग कार्ड छपवाकर भेजा करती थीं। अमेरिका में लुइस नामक चित्रकार ने सुंदर बधाई-पत्र तैयार करके बधाई-पत्रों की परंपरा प्रारंभ की।

आज भारत में ग्रीटिंग कार्ड एक उद्योग का रूप ले चुका है। यहाँ के ग्रीटिंग कार्डों की माँग पूरे संसार में है। ग्रीटिंग कार्डों की छपाई से कंपनियों को मुनाफा होता है और भेजने से डाक विभाग और कोरियर सेवाओं को। चित्रकार, कलाकार, कवि आदि सभी को रोजगार मिलता है। इस उद्योग में राष्ट्रीय ही नहीं, बहुराष्ट्रीय कंपनियाँ भी लगी हुई हैं।

तकनीकी विकास का असर इस क्षेत्र में भी हुआ है। अब कंप्यूटर ग्राफिक्स की सहायता से ग्रीटिंग कार्ड बनाए जाने लगे हैं। इसके अलावा इलेक्ट्रॉनिक कार्ड भी आ गए हैं, जिन्हें खोलने पर कोई धुन या बधाई संदेश सुनाई देता है। अब इ-मेल द्वारा भी ग्रीटिंग कार्ड भेजे जा रहे हैं और वेबसाइट के जरिए भी बधाई संदेश दिया जा रहा है।

बधाई संदेशों की परंपरा ने सामाजिक क्षेत्र में भी अपना योगदान किया है। विकलांगों की एक संस्था विकलांग बच्चों से चित्रकारी कराती है तथा उन्हें उचित पारिश्रमिक देती है। फिर उन चित्रों के आधार पर बधाई संदेश बनाए जाते हैं और उन्हें बेचा जाता है। उससे प्राप्त आय से विकलांग कल्याण की योजनाएँ चलाई जाती हैं। यूनीसेफ, क्राई, केयर, हेल्पेज आदि संस्थाएँ अपने ग्रीटिंग कार्डों से अपने उद्देश्यों के लिए काफी धन जुटा लेती हैं।

संसार का सबसे छोटा बधाई संदेश 20 दिसंबर, 1920 को लंदन की एक कंपनी ने प्रिंस ऑफ वेल्स को भेजा था, जो चावल के एक दाने पर काली स्याही से लिखा गया था। दूसरी ओर सबसे बड़ा बधाई संदेश 338 मीटर लंबा था, जो सन् 1967 में वियतनाम में लड़ रहे अमेरिकी सैनिकों को भेजा गया था।

□

स्कूटर

जब मोटरसाइकिल का आविष्कार हो गया तो महिलाओं में इच्छा जागी कि उन्हें भी ऐसा वाहन मिले जो चलाने में हलका हो, आसानी से स्टार्ट हो और सुरक्षित भी।

सन् 1911 में स्कॉटलैंड में महिलाओं की मोटरसाइकिल के रूप में स्कूटर का विकास किया गया। पर शीघ्र ही पहला विश्वयुद्ध प्रारंभ हो गया और संसार मंदी व अन्य समस्याओं की चपेट में आ गया। प्रथम विश्वयुद्ध के पश्चात् इटली के दो डिजाइनरों—ट्रोसी तथा पिनिन फारिना ने वेस्पा स्कूटर तैयार किया। यह स्कूटर आकार में छोटा था, इसके पहिए भी छोटे थे, पर गति मोटरसाइकिल की अपेक्षा कम, पर पर्याप्त थी। इसमें पैर आसानी से रखे जा सकते थे और यह ज्यादा सुरक्षित भी था।

हालाँकि स्कूटर का विकास मोटरसाइकिल से काफी बाद में हुआ, पर '50-60 के दशकों में यह ज्यादा लोकप्रिय हो गया, क्योंकि मोटरसाइकिल की अपेक्षा यह ज्यादा सुरक्षित था और शहरों के लिए अनुकूल भी। इसमें स्टेपनी पहिए की भी व्यवस्था थी।

स्कूटर हालाँकि महिलाओं के लिए तैयार किया गया था, पर पुरुषों ने भी इसे खूब इस्तेमाल किया। हालाँकि जापानी निर्माताओं ने एक के बाद एक यामहा, सुजुकी, होंडा, कावासाकी आदि मोटरसाइकिलों के मॉडल बाजार में उतारे, जो खासे आकर्षक थे, पर स्कूटर ही आम आदमी की पसंद बना रहा। □

एंबुलेंस

अकसर बीमारी की गंभीर अवस्था में हमें एंबुलेंस घर पर मँगानी पड़ती है। इसकी शुरुआत सन् 1792 में हुई, जब एक फ्रांसीसी सर्जन डोमीनिक लैरी के ऊपर फ्रांसीसी सैनिकों को युद्ध में घायल सैनिकों को लाने की जिम्मेदारी पड़ी।

उन्होंने एक ऐसी गाड़ी बनवाई, जिसमें बिस्तर की भी व्यवस्था थी। घायल सैनिकों को बिस्तर पर लिटाकर गाड़ी से लाया गया। यह गाड़ी विश्व की पहली एंबुलेंस गाड़ी मानी गई। बाद में घायल सैनिकों व असैनिकों को लाने-ले जाने के लिए इस प्रकार का इंतजाम सभी देशों में किया गया।

□

छाता

मौसम चाहे चिलचिलाती धूपवाला हो या झमाझम बारिशवाला, छाता ही एक ऐसी चीज है, जिससे आदमी को राहत मिलती है। बर्फीले इलाकों में लोग तो हलके हिमपात के समय भी छाते का प्रयोग करते हैं। इसका यह नामकरण शायद इसीलिए किया गया है, क्योंकि छाया के लिए यह सिर पर छाता है।

छाता का वर्तमान रूप, जिसे हम नित्यप्रति उपयोग में लाते हैं, का जन्म कब हुआ—यह स्पष्ट नहीं है; लेकिन हाँ, यह स्पष्ट है कि छाता आदिकाल में अस्तित्व में नहीं था।

छाता 'छत्र' का ही परिष्कृत रूप है। डेढ़-दो हजार साल पहले की कौन कहे, उससे भी पहले राजा-महाराजाओं के सिंहासन के ऊपर छत्र लगा रहता था। प्राचीन मिस्र में भी छत्र के प्रयोग का उल्लेख मिलता है। वहाँ खुदाई में मिली फेराओ (सम्राट्) की आकृतियों में भी बड़ा सा छत्र बना है। प्राचीन चीन में लोग त्योहारों के अवसर पर वैसे छत्र, जो सोने के बने होते थे और जिनपर हीरे-मोती टाँके गए रहते थे, धारण कर जुलूस में आगे-आगे चलते थे। जापान आदि देशों में भी राजा अपने महल से बाहर छत्र के बिना नहीं निकलते थे।

आज से लगभग पाँच सौ वर्ष पहले छत्र के स्वरूप में थोड़ा परिवर्तन किया गया और उसे छाते का रूप दिया गया; लेकिन इस बदले हुए रूप में भी इसका

सामान्यीकरण नहीं हुआ। तब (सोलहवीं शताब्दी में) चमड़े का छाता बनाया जाता था। उन दिनों पुरुषों में सिर्फ पादरी ही छाते का इस्तेमाल करते थे। इसके पीछे पोप का शायद यह आदेश ही था कि उनकी अनुमति के बिना कोई व्यक्ति (महिला या पुरुष) छाते को इस्तेमाल में न लाए। इस फरमान का असर पुरुषों पर तो हुआ, लेकिन इंग्लैंड की महिलाओं, खासकर युवतियों पर नहीं हुआ। छाता लेकर गौरव-बोध से युक्त होकर उन्होंने सड़क पर चलना जो शुरू किया, सो फिर छोड़ा ही नहीं। इसका परिणाम यह हुआ कि दो-ढाई साल के अंदर ही इंग्लैंड की सड़कों पर आकर्षक रूप-रंग में सूती तथा रेशमी कपड़ों के छाते नजर आने लगे। जो पुरुष अपने सिर पर छाता तानकर सड़कों पर या पार्कों में निकलता, उसे कई तरह के ताने दिए जाते। जैसे—मर्द हो तो इतना नाजुक मत बनो, धूप-बारिश को झेलो। महिलाओं-लड़कियों की तरह छाता क्यों लगाते हो?

सन् 1760 के आस-पास जोंस हैनवे नामक एक व्यक्ति ने इन तानों की परवाह न करते हुए 'खुलेआम छाता का उपयोग करनेवाले प्रथम पुरुष' का गौरव प्राप्त किया। उसके बाद तो पुरुषों की झिझक दूर हो गई। तब से वे भी छाते का उपयोग करने लगे। कुछ ही समय के अंदर छाता आम उपयोग की चीज बन गया। हाँ, उन लोगों (पुरुषों) ने रंगीन छाते का प्रयोग करने से परहेज किया; उन्होंने अपने लिए काले रंग का छाता ही चुना और यह आज भी बरकरार है।

छाते का व्यापक प्रयोग इंग्लैंड में ही शुरू हुआ। यहीं छाते के रूप-रंग में क्रमशः बदलाव और सुधार होता गया। यहीं से छाता यूरोप के विभिन्न देशों और फिर यूरोप से बाहर के देशों में गया। कुछ ही वर्षों में यह गाँव-गाँव तक फैल गया। आज से तीन दशक पहले ही हमारे देश में भी ऐसे छाते मिलने लगे थे, जो बटन दबाते ही स्वयं खुल जाते हैं या दो या तीन मोड़ों में मोड़कर एक लेडीज बैग में भी रखे जा सकते हैं। समुद्र-तट तथा रेस्तराँ की छतों पर (मानक आकार के छाते से तिगुने आकारवाले) बड़े छाते भविष्य में छाते के रूप-रंग में होनेवाले बदलावों का एक नमूना पेश करते नजर आते हैं।

□

टेलीफोन

साधारण आदमी की कौन कहे, अति विशिष्ट लोगों के बीच भी आम इस्तेमाल की वस्तुओं के बीच टेलीफोन इतनी खास जगह बना चुका है कि इसकी उपेक्षा नहीं की जा सकती। आजकल शहरों की बात तो दूर, गाँवों में भी लोगों का जीवन टेलीफोन पर कमोबेश निर्भर रहने लगा है।

उन्नीसवीं शताब्दी के आठवें दशक की, यानी आज से लगभग एक सौ तीस वर्ष पहले की, बात है। अमेरिका में बिजली की एक अनोखी दुकान थी। अनोखी इस अर्थ में कि वहाँ से ऐसे लोगों को सहायता दी जाती थी, जो किसी वस्तु का आविष्कार करने की अभिलाषा सँजोए हुए थे। वे उस काम के प्रति समर्पित भी थे; परंतु बिजली का जानकार नहीं होने के कारण वे अपनी उक्त इच्छित वस्तु का आविष्कार कर नहीं पाते थे। उस दुकान पर काम करनेवाले ऐसे ही दो युवक थे—थॉमस ए. वाटसन तथा एलेक्जेंडर ग्राहम बेल। वाटसन मात्र चौदह वर्ष की उम्र में पढ़ाई छोड़कर दुकान पर काम करने लगे थे और बेल बोस्टन विश्वविद्यालय में बोलने की कला सिखाते थे। दोनों मिलकर टेलीफोन का आविष्कार करने की दिशा में कार्य करने लगे। सन् 1876 में वे इसमें सफल हुए। इसमें दोनों में बेल की भूमिका अधिक महत्त्वपूर्ण थी। अत: टेलीफोन का आविष्कारक होने का श्रेय उन्हीं (बेल) को दिया जाता है। 9 मार्च, 1876 को बेल ने टेलीफोन

का पेटेंट कराया। अगले दिन, अर्थात् 10 मार्च को, उन्होंने (बेल ने) वाटसन के पास फोन किया। इस प्रकार विश्व में वाटसन ऐसे प्रथम व्यक्ति हुए, जिन्हें पहली बार फोन की घंटी सुनने का गौरव प्राप्त हुआ। उन्होंने रिसीवर उठाया तो उधर से बेल ने कहा, 'मिस्टर वाटसन, कृपया यहाँ आइए। मैं आपसे मिलना चाहता हूँ।' दूर की इस आवाज को सुनकर वाटसन इतने आह्लादित हुए कि तब चाहकर भी वे कुछ बोल नहीं पाए।

इन दोनों को आशा ही नहीं थी, बल्कि पूर्ण विश्वास था कि उनके इस आविष्कार को दुनिया हाथोहाथ लेगी; लेकिन तुरंत ऐसा हुआ नहीं। इस आविष्कार के ढाई माह बाद 25 जून, 1876 को फिलाडेल्फिया में लगी शताब्दी प्रदर्शनी में टेलीफोन को देखकर किसी ने भी उत्साहजनक प्रतिक्रिया व्यक्त नहीं की। इससे बेल और वाटसन थोड़ा हताश हुए, लेकिन उनकी यह हताशा अधिक समय तक नहीं रही। उसी प्रदर्शनी के दौरान ब्राजील के सम्राट् जब फोन के पास आए और उसकी उपलब्धि को देखा तो सहज ही बोल पड़े, 'हे भगवान्, यह तो बोलता है।'

इस टिप्पणी के बाद तो फोन अचानक चर्चा का विषय बन गया। हर तरफ इसी की चर्चा होने लगी। ग्रेट ब्रिटेन (इंग्लैंड) की महारानी ने भी इसे देखने की इच्छा प्रकट की। उनकी इस इच्छा को पूरा करने के लिए 14 जुलाई, 1877 को महारानी के महल और कैंटबरी हॉल के बीच टेलीफोन लाइन बिछाई गई। अंततः महारानी ने उसे देखा, परखा और आश्चर्यमिश्रित प्रतिक्रिया व्यक्त की।

इसके बाद तो पूरी दुनिया में टेलीफोन जाना-पहचाना और अपनाया जाने लगा। बेल की टेलीफोन लेबोरेटरी ने तो बाद में टेलीफोन से जुड़ी अनेक खोजें कर डालीं। कालांतर में इस लेबोरेटरी को पाँच-पाँच बार नोबेल पुरस्कार भी दिए गए।

इस आविष्कार में वाटसन द्वारा किए गए योगदान को बेल भूले नहीं। आविष्कार के अगले वर्ष, अर्थात् सन् 1877 में, बेल ने जब अपनी कंपनी की स्थापना की तो वाटसन को उस (कंपनी) के दसवें भाग का साझीदार बनाया।

चूँकि इस टेलीफोन द्वारा कम दूरी से ही बातचीत की जा सकती थी। अतः वे दोनों—वाटसन और बेल, खासकर बेल—लंबी दूरी से इसके द्वारा बातचीत करने का प्रयास करते रहे। अंततः लगभग चार दशक बाद (सन् 1915 में) लंबी दूरीवाली पहली टेलीफोन सेवा का उद्घाटन किया गया। रोचक बात यह रही कि इसका भी शुभारंभ बेल और वाटसन ने ही मिलकर 25 जनवरी, 1915 को किया। उस दिन न्यूयॉर्क में बैठे बेल ने सेन फ्रांसिस्को में बैठे वाटसन को वही उनतालीस वर्ष पहले

का वाक्य दुहरा दिया, 'मिस्टर वाटसन, कृपया यहाँ आइए। मैं आपसे मिलना चाहता हूँ।' उनतालीस वर्ष पहले की तरह इस बार वाटसन अवाक् नहीं हुए। उन्होंने प्रसन्न भाव से कहा, 'मुझे वहाँ आने में हार्दिक प्रसन्नता होगी, मगर एक सप्ताह लग जाएगा।'

टेलीफोन की लगभग एक सौ तीस वर्ष पुरानी स्थानीय सेवा और लगभग नब्बे वर्ष पुरानी दूरस्थ सेवा ने अब तक विकास की लंबी यात्रा तय की है। □

टाई

पुरुषों (खासकर वे, जो निम्न आय वर्ग के नहीं हों) के परिधानों, जैसे—पैंट, शर्ट, कोट, धोती, कुरता, पायजामा, पगड़ी, बनियान, जुराब इत्यादि में टाई ही एक ऐसी चीज है, जिसका संबंध किसी अंग विशेष को ढकने से नहीं है। अधिकतर लोगों का यह मानना है कि शर्ट के कॉलर में टाई पहनने से व्यक्तित्व आकर्षक हो जाता है। कई लोग इस बात के विरोधी हैं। उनका कहना है कि अन्य परिधानों, जैसे—सफारी सूट, प्रिंस सूट, प्रिंस कोट, शेरवानी इत्यादि पहनने से भी व्यक्तित्व देखने में आकर्षक बन जाता है।

कट्टर हिंदुओं का एक बड़ा वर्ग टाई पहनना अपने धर्म के विरुद्ध समझता है। उनका यह मत है कि यह ईसाई धर्म का प्रतीक चिह्न 'क्रास' है। दूसरे शब्दों में—यह ईसाइयत का प्रतीक है। इसका सीधा भाग तो छाती और पेट पर लटका रहता है और दायाँ-बायाँ भाग गले में बाँध दिया जाता है। उनका कहना है कि किसी भी चीज को गले लगाने का अर्थ होता है—उसे स्वीकार करना, आत्मसात् करना। इस धर्म-चिह्न को पहनने का अर्थ होगा—ईसाई धर्म को स्वीकार करना। इसीलिए वे उसे नहीं पहनते। किंतु टाई के जन्म की कथा इससे भिन्न मानी जाती है। इसके अनुसार, आज से लगभग साढ़े तीन सौ साल पहले इंग्लैंड और फ्रांस के कई भागों में मजदूरों द्वारा टाई का प्रयोग प्रारंभ किया गया। चूँकि तब रूमाल का प्रचलन नहीं

था, अतः वे श्रमिक भोजन करने के बाद अपना मुँह पोंछने के लिए टाई बाँधकर लटकाए रखते थे। उन दिनों वे टाई को आज की तरह सुंदर, तिकोनी, गाँठ बाँधकर नहीं धारण करते थे; बस, गले में यों ही बाँधकर लटकाए रखते थे।

शर्ट के कॉलर के बीच में गाँठ बाँधकर टाई पहनने की शुरुआत सत्रहवीं शताब्दी के नौवें दशक में फ्रांस के राजा लुई चौदहवें के सैनिकों ने की। उन दिनों टाई को 'क्रेवेट' कहा जाता था। इसे (क्रेवेट) गले में बाँधने पर इसके रोब से प्रभावित होकर वहाँ के कई धनाढ्य और शौकीन मिजाज के लोग भी इसे बाँधने लगे। यह दौर लगभग अस्सी वर्षों तक चला। अठारहवीं शताब्दी के अंत में हुई फ्रांसीसी क्रांति के बाद क्रेवेट का प्रचलन (फैशन) शुरू हुआ। अब इसे 'नेकक्लॉथ', 'नेकटाई' और 'टाई' कहा जाने लगा था। इस फैशन को हवा दी उन्हीं दिनों (सन् 1818 में) छपकर आई 'नेकक्लॉथियाना' नामक एक पुस्तक ने। इसमें लगभग दो दर्जन प्रकार की—पतली, चौड़ी, कसी गाँठवाली, ढीली गाँठवाली, धारीदार प्रिंटवाली, छींटदार प्रिंटवाली टाइयों का उल्लेख किया गया था। उसमें यह भी बताया गया था कि कम समय में सुंदर गाँठ लगाने की कला कैसे सीखें।

सचमुच! टाई की सुंदर गाँठ लगाना एक मुश्किल काम होता है। टाई बाँधने के शौकीन कई लोगों का काफी समय तैयार होने के दरमियान इसी काम में लग जाता है—उन दिनों भी लगता था। इस परेशानी को समझकर फ्रांस के एक व्यवसायी सीयर्स रोबक ने सन् 1897 से ऐसी टाइयों को बनाना और बेचना शुरू कर दिया, जिसमें रोज-रोज गाँठ बाँधनी नहीं पड़ती थी बल्कि पहले से ही बँधी रहती थी। तब वह एक डॉलर में ऐसी छह टाइयाँ बेचता था। आजकल स्कूली बच्चों की जो गाँठ बँधी टाई बाजार में बिकती हैं, उनका श्रेय सीयर्स रोबक को ही दिया जाता है।

रोबक के इस कार्य के लगभग पच्चीस वर्षों के बाद (सन् 1920 में) टाई की डिजाइन, जो न्यूनाधिक रूप में आज भी बरकरार है, का पेटेंट जेस्सी लैंग्सडॉर्फ ने कराया था। तब से पोशाक की हर चीज की डिजाइनों में फैशन के कई दौर आए और गए, मगर टाई (जिसे हिंदी में 'कंठबंध' या 'ग्रैवेय' कहते हैं) का आकार लगभग उसी रूप में आज भी बरकरार है, जो आज से सौ या एक सौ पचास साल पहले मौजूद था। हाँ, एक बात जरूर हुई है कि टाई के लघु रूप में 'बो' का इस्तेमाल किया जाने लगा। यह होटलों-रेस्तराँ आदि के वेटर्स के अलावा बिलियर्ड्स वगैरह के खिलाड़ियों में भी अधिक प्रचलित है। कुछ शौकीन लोग, जो टाई का इस्तेमाल नहीं करते, टाई की जगह पर ही स्कार्फ को आकर्षक ढंग से गले में बाँध लेते हैं। □

टाइपराइटर

कुछ साल पहले तक, जब कंप्यूटर का इतना अधिक प्रचलन नहीं हुआ था, किसी पाठ्य सामग्री को सुपठित रूप में लिपिबद्ध करने के लिए लोगों को टाइपराइटर का ही सहारा लेना पड़ता था। टाइपराइटर के आविष्कारक और आविष्कार काल के बारे में थोड़ा विवाद रहा है। उपलब्ध तथ्यों के अनुसार, दुनिया का पहला टाइपराइटर सन् 1808 में इटली के पेलीग्रीन तुरी नामक एक व्यक्ति ने बनाया था और अपनी नेत्रहीन प्रेमिका काउंटेस कैरोलीना फैंटोनी को वह टाइपराइटर उपहारस्वरूप भेंट किया था। फैंटोनी ने उसपर टाइप करना सीखा और फिर उसी पर टाइप करके अपना प्रेमपत्र तुरी के पास भेजती रही। हाँ, इस बात का उल्लेख कहीं नहीं मिलता कि तुरी ने वह टाइपराइटर कैसे बनाया। आज भी वैसे पंद्रह-सोलह टाइपराइटर इटली के संग्रहालय में लोगों के दर्शनार्थ रखे हुए हैं। आज के टाइपराइटर के रूप-रंग से सर्वथा भिन्न उन टाइपराइटरों के की-बोर्ड में कुल 27 बटन होते थे। इनमें इटली भाषा के 23 अक्षर और अल्प विराम, पूर्ण विराम के चार चिह्न थे।

उक्त टाइपराइटर को अत्यंत उपयोगी यंत्र मानकर अनेक लोगों ने ऐसे टाइपराइटर को बनाने का प्रयास किया, लेकिन वे इसमें सफल नहीं हुए। सन् 1808 के बाद पैंसठ वर्षों में ऐसे लोगों की संख्या पचास से ऊपर पहुँच गई। सन् 1873

में क्रिस्टोफर लेथम शोल्स ने पहला व्यावहारिक टाइपराइटर बनाने में सफलता प्राप्त की। यह बात रहस्य के आवरण में छिपी हुई है कि टाइपराइटर का आविष्कारक शोल्स को ही क्यों माना गया, तुरी को क्यों नहीं, जबकि सबसे पहले तुरी ने ही टाइपराइटर बनाया था। इसका एक कारण शायद यह रहा हो कि शोल्स ने इसे सार्वजनिक किया था, जबकि तुरी ने ऐसा नहीं किया; अपनी प्रेमिका को देने मात्र के लिए उसने इसे बनाया था।

शोल्स द्वारा निर्मित टाइपराइटर की यह उपलब्धि रही कि उसमें जैसा की-बोर्ड था, लगभग वैसा ही की-बोर्ड अब भी प्रयुक्त होता है। शोल्स के उस टाइपराइटर को व्यापारिक स्तर पर जेम्स डेंसमोर ने उसी वर्ष (सन् 1873 में) न्यूयॉर्क में बनाया और उन्हीं दिनों न्यूयॉर्क की हैनोवर स्ट्रीट पर टाइपराइटर की पहली दुकान खोली, जिसे दुनिया में टाइपराइटर की पहली दुकान माना गया। फिर तो बड़े पैमाने पर टाइपराइटर बनाने तथा बेचने के लिए शोल्स और डेंसमोर ने 'रेमिंग्टन' नामक एक कंपनी से अनुबंध किया। उसके कुछ ही समय के अंदर दुनिया के अनेक देशों में टाइपराइटर की खट-खट की आवाज गूँजने लगी। रेमिंग्टन कंपनी द्वारा सन् 1873 में टाइपराइटर का उत्पादन प्रारंभ करने के अगले ही वर्ष अंग्रेजी के प्रसिद्ध लेखक मार्क ट्वेन ने बोस्टन शहर के बाजार में एक दुकान पर से एक टाइपराइटर खरीदा और अपने घर ले गए। कहा जाता है कि उनकी पुस्तक 'लाइफ ऑन मिसीसिपी' की पांडुलिपि दुनिया की ऐसी पहली पांडुलिपि थी, जो टाइप की हुई थी।

लगभग एक सौ तीस वर्षों (और यदि सन् 1808 में तुरी द्वारा बनाए गए टाइपराइटर को मानें तो लगभग दो सौ वर्षों) में टाइपराइटर में कई तरह के सुधार किए गए हैं। जैसे—जेम्स डेंसमोर द्वारा बनाए गए टाइपराइटर में ही दो बड़े दोष थे; पहला, उसमें अंग्रेजी के केवल बड़े (कैपिटल) अक्षर ही थे, छोटे (स्मॉल) अक्षर नहीं और दूसरा, टाइप करने के दौरान टाइप की जा रही पाठ्य सामग्री को पढ़ा नहीं जा सकता था। ऐसे छोटे-बड़े कई अन्य दोष भी थे। उन सभी को समय-समय पर दूर किया गया। आज से चालीस वर्ष पहले (सन् 1965 के आस-पास) ही इंग्लैंड में ऐसा टाइपराइटर बनाया जा चुका है, जिसे एक ब्रीफकेस में रखकर कहीं भी ले जाया जा सकता है। सन् 1985 के आस-पास तो हमारे देश में ही इलेक्ट्रॉनिक टाइपराइटर बनाया गया और बेचा जाने लगा। आज जो कंप्यूटर हमारे दैनिक जीवन का एक अंग बन चुका है, उसका की-बोर्ड निर्धारित करने में टाइपराइटर का की-बोर्ड ही सहायक रहा है। □

डाक टिकट

डाक टिकट—अर्थात् वह टिकट, जिसका इस्तेमाल डाक सामग्री में किया जाए। इससे तो आजकल बच्चा-बच्चा सुपरिचित है। इन डाक टिकटों की शुरुआत आज से लगभग तीन सौ पच्चीस वर्ष पहले (सन् 1680 में) इंग्लैंड में हुई थी। विलियम डॉकरा नामक एक अंग्रेज ने तब इंग्लैंड में लंदन और वेस्टमिंस्टर में निजी डाक सेवा प्रारंभ की। वह पत्रों को उनके गंतव्य (वांछित) स्थान पर पहुँचाने के एवज में शुल्क के तौर पर एक पेनी अग्रिम लेता था और पत्र पर एक मुहर लगा देता था, जिसपर लिखा रहता था—'पेनी पोस्टपेड'। डाक टिकट के आकारवाली मुहर 'डॉकर मार्क' के नाम से प्रसिद्ध थी। वह एक ऐसा डाक टिकट था, जो चिपकाया नहीं जाता था, बल्कि मुहर द्वारा अंकित कर दिया जाता था।

संभवत: इसी को देखकर जेम्स चामर्स नामक एक इंग्लैंडवासी ने सन् 1834 में चिपकानेवाले डाक टिकट बनाकर छापे और फिर उन्हें डाक अधिकारियों के रामक्ष प्रस्तुत किया; परंतु उन अधिकारियों ने उनमें कोई रुचि नहीं दिखाई। इंग्लैंड के ही एक अन्य व्यक्ति रॉलैंड हिल ने डाक सेवा में सुधार के लिए कई प्रस्ताव तैयार किए और सरकार के समक्ष पेश किए। उन प्रस्तावों पर विचार करने के लिए सरकार द्वारा एक संसदीय समिति गठित की गई। चामर्स ने काफी प्रयास करके उस

समिति के समक्ष अपना चिपकानेवाला डाक टिकट पेश कर दिया। उन टिकटों का प्रस्ताव उक्त समिति द्वारा स्वीकृत हो गया और 6 मई, 1840 से लंदन के मुख्य डाकघर में उन टिकटों की बिक्री शुरू हो गई। एक पेनी के टिकट काले रंग के और दो पेनी के टिकट नीले रंग के निर्धारित किए गए। कोई आदमी उन टिकटों का उपयोग दुबारा नहीं कर सके—इसके लिए उनपर काली मुहर लगाई जाती थी। प्रायः काले रंगवाले टिकट पर काली मुहर दिख नहीं पाती थी। इसका लाभ उठकर कई लोग उस टिकट क़ो उखाड़कर बाद में दुबारा किसी लिफाफे पर चिपका लेते थे। इस प्रवृत्ति को रोकने के लिए अगले वर्ष, यानी सन् 1841 में, काले रंगवाले टिकट को लाल रंग का बना दिया गया।

'चोर चोरी से जाए, हेरा-फेरी से न जाए'—इस उक्ति को उन जालसाज लोगों ने सिद्ध कर दिखाया। वे लोग गई टिकटों से मुहरवाला भाग काटकर फेंक देते थे और शेष भाग को सही ढंग से जोड़-जोड़कर नया टिकट बना लेते थे। मुहर लगे बीच टिकटों से वे लोग आठ-नौ नया टिकट तैयार कर ही लेते थे।

ऐसे लोगों के दुष्कर्मों को फिर से रोकने के उद्देश्य से सन् 1842 में ऐसे डाक टिकट बेचने के लिए बनाए जाने लगे, जिनके चारों कोनों पर कुछ अक्षर छपे रहते थे। कटे-कटे टिकट के अंशों को चिपकाकर बनाए गए टिकटों में सही स्थान पर सही अक्षर को लगाना लगभग असंभव-सा काम था। अतः अब टिकटों की जालसाजी पर पूरी तरह नियंत्रण पा लिया गया।

सन् 1854 तक इंग्लैंड में व्यवस्था यह थी कि कागज के एक बड़े पन्ने पर पच्चीस या तीस टिकट छाप दिए जाते थे। उनमें से एक-एक को फाड़कर बेचना डाक बाबुओं के लिए काफी मुश्किल काम था। इस परेशानी को महसूस करके वहाँ के एक व्यक्ति हेनरी आर्थर ने टिकटोंवाले हर पन्ने पर हर दो टिकटों के बीच वाली जगह पर ऊपर से नीचे और दाएँ से बाएँ मशीन से छेद कर दिए। इससे एक-एक टिकट को फाड़ना बहुत आसान और सुविधाजनक हो गया।

अंत में प्रश्न रह ही जाता है कि डाक टिकटों का जन्मदाता किसे माना जाए—जेम्स चामर्स को या रॉलैंड हिल को? दोनों ने लगभग एक ही समय डाक टिकट का विचार और रूप-रंग सार्वजनिक किया था। उन दोनों ने आपस में तो कभी इस विषय पर तकरार नहीं की, लेकिन चार दशकों के बाद उनकी संतानों में यह बहस छिड़ गई कि डाक टिकट के वास्तविक आविष्कर्ता उनके पिता ही थे। जेम्स चामर्स के पुत्र पैट्रिक चामर्स ने तो रॉलैंड हिल के पुत्र के पास ढाई दर्जन से अधिक पत्र यह आरोप लगाते हुए लिखे कि तुम्हारे पिता (रॉलैंड हिल) ने मेरे पिता

के टिकटों के विचार को चुरा लिया था।

डाक टिकटों की बात चले, मगर उनके संग्रह की बात न चले—यह न तो संभव है, न युक्तिसंगत। वस्तुतः डाक टिकटों की बिक्री के साथ ही उनके संग्रह का भी शौक, जिसे 'फिलेटेली' कहते हैं, चल निकला। इन पुराने डाक टिकटों का व्यवसाय अरबों रुपए का हो चुका है।

□

आइसक्रीम

चिलचिलाती गरमी के मौसम में आइसक्रीम का नाम सुनते ही देह और दिमाग को एक तरावट भरे सुकून का एहसास होता है। उपलब्ध तथ्यों के अनुसार, बर्फ और फलों के रस को मिलाकर आइसक्रीम बनाने की कला का जन्म चीन में हुआ था। लेकिन कब—इस विषय में कोई एक मत नहीं है। खैर, उसका जन्मकाल चाहे जो रहा हो, सन् 1295 में जब मार्को पोलो चीन से वापस इटली गया तो वहाँ के लोगों को आइसक्रीम के बारे में तरह-तरह की बातें बताईं, जिन्हें सुनकर वहाँ (इटली) के लोगों के मुँह में पानी भर आया; वे भी आइसक्रीम खाने के लिए मचल से उठे, लेकिन वे अतृप्त ही रहे।

आइसक्रीम बनाने की यह कला डेढ़-दो सौ साल बाद किसी तरह चीन से फ्रांस पहुँची, लेकिन आम आदमी के बीच नहीं, वहाँ के राजा के पास। सन् 1685 में फ्रांस के राजा हेनरी चतुर्थ की पुत्री का विवाह इंग्लैंड के राजा चार्ल्स प्रथम से हुआ। विवाह के बाद जब महारानी (राजा चार्ल्स की पत्नी) इंग्लैंड पहुँची तो अपने साथ तीन-चार ऐसे लोगों को भी लाई थी, जो आइसक्रीम बनाने की कला में दक्ष थे। उनके द्वारा बनाई हुई आइसक्रीम को जब राजा ने चखा और खाया तो उन्हें असीम सुख की अनुभूति हुई। वे उससे इतने अधिक प्रसन्न हुए कि आइसक्रीम बनानेवाले उन कारीगरों को बख्शीश के तौर पर अच्छी-खासी रकम दी, इस मनुहार

के साथ कि वे इस कला को अपने पास ही सँजोकर रखे रहें। दरअसल, वे (चार्ल्स) यह नहीं चाहते थे कि राजा-रानी द्वारा खाई जानेवाली इस खास चीज को आम आदमी खाएँ; लेकिन ऐसा हो नहीं पाया। अगले तीस-पैंतीस वर्षों में यह कला वहाँ से इंग्लैंड के कुछ बड़े अमीर लोगों तक पहुँच ही गई। और फिर उसके बाद के चालीस-पचास वर्षों में यह कला आम आदमी तक पहुँच गई।

तब आइसक्रीम बनाने की कला खास इसलिए थी कि उस समय तक आइसक्रीम बनाने के लिए न तो कोई कारखाना था, न घरेलू फ्रीज ही। उन दिनों बहुत ही नजाकत और नफासत से आइसक्रीम जमाई जाती थी।

आइसक्रीम जमाने का विश्व का पहला यंत्र सन् 1846 में नैंसी जॉनसन नामक एक अमेरिकी महिला ने बनाया। आइसक्रीम जमाने के लिए हाथ से चलाए जानेवाले इस यंत्र में एक दोहरी दीवार होती थी, जिसमें बर्फ भरी रहती थी और मुख्य पात्र में दूध तथा फलों का रस भरा जाता था।

इसी यंत्र के द्वारा सन् 1851 में बाल्टीमोर के एक दूध व्यवसायी ने बड़े पैमाने पर आइसक्रीम बनाना और बेचना प्रारंभ किया। यह विश्व का प्रथम आइसक्रीम कारखाना था। इसके आठ-दस साल के अंदर विश्व के अन्य देशों में भी ऐसे ही कारखाने स्थापित हुए। उनमें उत्पादित आइसक्रीम की अच्छी बिक्री के कारण वह दिनोदिन लोकप्रिय होने लगी।

बीसवीं शताब्दी के प्रारंभ तक आइसक्रीम दुनिया भर में आम आदमी द्वारा पहचानी ही नहीं बल्कि खाई भी जाने लगी। कोनवाली आइसक्रीम (सॉफ्टी) की शुरुआत सन् 1904 में सेंट लुइस में और डंडी पर जमी आइसक्रीम की शुरुआत 1911 में कनाडा में हुई। बीसवीं शताब्दी के छठे दशक में ईंट के आकारवाली आइसक्रीम शादी-पार्टी वगैरह के लिए खासतौर पर जमाई और बेची जाने लगी। यह आइसक्रीम हमारे देश में आठवें दशक के अंत तक आम मध्य वर्गीय लोगों की पहुँच में आने लगी। इसे पावरोटी (ब्रेड) के स्लाइस की तरह काट-काटकर प्लेट में परोसा जाने लगा। उन्हीं दिनों हमारे देश में फ्रीज के बढ़ते प्रयोग के साथ ही मध्य वर्गीय घरों में गरमी के दिनों में आइसक्रीम जमाई और खाई जाने लगी। हमारे देश में आइसक्रीम के दीवानों की संख्या इस कदर बढ़ गई कि लोग ठंड के मौसम में भी रात को बाजार में चहलकदमी करते हुए आइसक्रीम खाते हैं। अब तो आइसक्रीम अनेक फ्लेवर और रंगों में मिलने लगी है।

□

माचिस

कुछ लोगों ने माचिस की विशेषता को देखते हुए उसे हिंदी में एक लंबा, मगर सटीक नाम दिया है–'झटाझट रगड़घसे अग्नि-उत्पादक यंत्र'। सचमुच, यह है झटपट रगड़कर आग पैदा करनेवाला एक छोटा सा यंत्र ही न! माचिस बनती है फास्फोरस से और फास्फोरस की खोज सन् 1669 में हेनिंग ब्रांट नामक एक रसायन-विज्ञानी ने यूरोप में की थी। इस खोज के बाद उसने यह बताया कि इस (फास्फोरस) में ज्वलनशीलता का गुण विद्यमान है। यह मानवमात्र के लिए काफी उपयोगी होगा।

उन दिनों फास्फोरस के माध्यम से चिनगारी निकलते देखने के लिए वहाँ के अमीर पूरे पैसे खर्च करने में कोताही नहीं बरतते थे।

इसके लगभग डेढ़ सौ साल बाद (सन् 1827 में) इंग्लैंड में जॉन वाकर नामक एक व्यक्ति ने फास्फोरस से माचिस बनाई और उसका नाम रखा–'ल्यूसीफर'। लैटिन भाषा में ल्यूसीफर का अर्थ है–रोशनी जलाना। ल्यूसीफर को अपघर्षी कागज के बीच रखकर रगड़ने से आग उत्पन्न होती थी।

कुछ ही समय बाद पता चला कि सफेद फास्फोरस मनुष्य के स्वास्थ्य के लिए बड़ा ही हानिकारक होता है। इससे श्रमिकों के शरीर पर प्रतिकूल प्रभाव पड़ने लगा। इस समस्या के निवारण की दिशा में कदम उठाते हुए तब की प्रमुख

माचिस-उत्पादक कंपनी 'डायमंड' सफेद फास्फोरस के स्थान पर फास्फोरस के यौगिक रूप 'सेसक्विसल्फाइड' का उपयोग करने लगी। यह मनुष्य के लिए पूरी तरह से हानिरहित था। इससे माचिस की गुणवत्ता में कोई कमी नहीं आई। फलतः माचिस-निर्माण के क्षेत्र में एक नवीन युग का सूत्रपात हुआ।

□

च्युइंगम

दुनिया में च्युइंगम के जितने दीवाने हैं, उससे अधिक उसके आलोचक या विरोधी हैं। इसका मुख्य कारण उसका चिपचिपापन है। इसके इस दोष के बावजूद उसे यों ही चूसते रहनेवाले लोग करोड़ों की संख्या में हैं।

कम लोगों को ही यह पता होगा कि च्युइंगम का जन्म आज से लगभग एक सौ पैंतीस वर्ष पहले अमेरिका में हुआ था। बात सन् 1866 की है। अपनी सत्ता और जान पर आया खतरा देखकर मेक्सिको के तानाशाह जनरल सांता ऐना ने चुपके से देश से भागने की तैयारी कर ली। उस जल्दबाजी में भी उसने अपने सामान में एक मोटा सा सफेद पदार्थ रखा। वस्तुतः मेक्सिकोवासियों की मान्यता थी कि संकट के समय इस पदार्थ को चबाना चाहिए।

मेक्सिको से भागकर उस तानाशाह ने न्यूयॉर्क (अमेरिका) के स्टेटन द्वीप में शरण ली। वहाँ कुछ महीने रहने के बाद वह फिर मेक्सिको के लिए प्रस्थान कर गया। मेक्सिको जाते समय वह अपनी अन्य सारी चीजें तो लेता गया, लेकिन वह सफेद पदार्थ शायद भूलवश उस द्वीप में स्थित उसके कमरे में मेज पर ही छूट गया। बाद में उस पदार्थ पर थॉमस एडम्स नामक एक ऐसे व्यक्ति की दृष्टि पड़ी, जो खोजी प्रवृत्ति का था। पता लगाने पर उसे मालूम हुआ कि वह तानाशाह शासक उस पदार्थ को चबाया करता था। उसे इस बात पर विश्वास नहीं हुआ। वह समझ नहीं

पाया कि रबर जैसी इस सफेद चीज को भला वह क्यों चबाया करता था!

वह खोजी प्रवृत्ति का था ही। उसने उस पदार्थ को वल्कनाइज करके नए प्रकार का रबर बनाना चाहा; पर वह विफल रहा। तब उसने नकली दाँतों को चिपकानेवाले गोंद के रूप में इसका इस्तेमाल करना चाहा, मगर इसमें भी वह सफल नहीं हुआ। आखिरकार, उसने उस पदार्थ को उबाल दिया और सींकों पर उसके छोटे-छोटे टुकड़े लपेट दिए। और फिर इस विश्वास के साथ कि अमेरिकी लोग भी इसे सांता ऐना की तरह ही चबाएँ, न्यू जर्सी स्थित कैंडी स्टोर में बेचने के लिए दे आया। दो दिनों के बाद उसे तब बड़ा आश्चर्य हुआ जब उसे पता चला कि उस दुकान में वे पदार्थ हाथोहाथ बिक गए। बस फिर क्या था। उसने (एडम्स) इसे बनाने की मशीन तत्काल बना डाली और अगले साल यानी सन् 1871 में उसका पेटेंट करा लिया।

एडम्स को मिली सफलता की देखा-देखी कई अन्य व्यवसायियों ने भी च्युइंगम बनाना शुरू कर दिया। उन्होंने उसमें रंग और खुशबू भी डाली तथा उन (च्युइंगम) को आकर्षक रैपर्स में पैक किया। इन सबसे च्युइंगम की बिक्री और अधिक बढ़ गई।

इस लोकप्रियता से उपजी भीषण प्रतिस्पर्द्धा के कारण जल्द ही एक समय ऐसा आया, जब च्युइंगम के हर व्यवसायी को अपने इस कारोबार पर संकट के बादल मँडराते दिखने लगे। इससे बचने के लिए चार्ल्स पिलट नामक एक व्यवसायी ने च्युइंगम ट्रस्ट बनाने का प्रस्ताव अन्य व्यवसायियों के समक्ष रखा। अंतत: छह व्यवसायियों ने मिलकर ट्रस्ट बनाया। इसका लाभ उन्हें मिलने लगा। अब वे भरपूर लाभ अर्जित करने लगे।

विलियम रिगले नामक एक च्युइंगम व्यवसायी ने स्वयं को इस ट्रस्ट से अलग रखा था। उसने अपनी कंपनी 'रिगले' का जबरदस्त विज्ञापन करना शुरू कर दिया। इससे उसे अप्रत्याशित सफलता मिली। जल्द ही वह इस व्यवसाय में शिखर पर पहुँच गया। सन् 1920 तक स्थिति यह हो गई कि अमेरिका में बिक रहे च्युइंगम का लगभग पचहत्तर प्रतिशत भाग उसकी ही कंपनी का हुआ करता था।

सन् 1950 तक च्युइंगग यूरोप के विभिन्न देशों और फिर एशिया के देशों से होते हुए संसार में फैल गया। इस चिपचिपे पदार्थ से करोड़ों लोग इस कदर चिपक चुके हैं कि अपने को इससे छुड़ा नहीं पाते।

□

मानचित्र

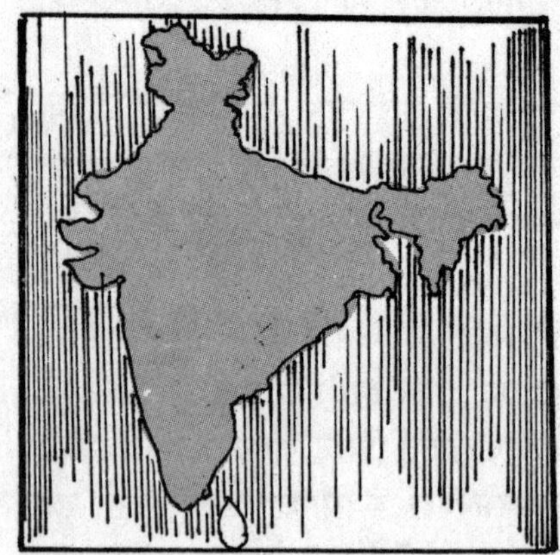

नक्शों (मानचित्रों) के विशेषज्ञों का मानना है कि दुनिया का सर्वश्रेष्ठ मानचित्र ग्लोब है। इसका कारण यह है कि पृथ्वी की तरह वह भी गोल होता है। वर्गाकार या आयताकार कपड़े अथवा कागज पर बने मानचित्र सटीक नहीं होते।

कोई भी मानचित्र बनाने के लिए कई उपकरणों की आवश्यकता होती है। इसमें सर्वप्रमुख होता है—सेक्सटैंट। सोलहवीं-सत्रहवीं शताब्दी तक लंबी यात्राएँ करनेवाले सभी यात्री कपड़े पर ही मानचित्र बनाया करते थे। यात्रा से लौटकर वे वही मानचित्र दिखाकर लोगों को बताते थे कि हम अमुक-अमुक स्थान पर गए थे। कपड़े पर बने होने के कारण इस मानचित्र को अंग्रेजी में 'मैप' कहा गया, जो लैटिन भाषा के शब्द 'मेप्पा' (meppa) से बना है, जिसका अर्थ होता है—कपड़ा या चादर। हालाँकि कुछ मानचित्र इससे पहले तेरहवीं-चौदहवीं शताब्दी में भी बनाए जाते थे। लेकिन वे मानचित्र चमड़े पर बनाए गए थे।

प्रसिद्ध खोजी यात्री कोलंबस ने भी अपने यात्रा-मार्ग का मानचित्र बनाया था। बाद में उस मानचित्र को स्पेन के संग्रहालय में सुरक्षित रख दिया गया। उन्हीं दिनों यह बात चर्चा में आई कि कोलंबस द्वारा ढूँढ़ी गई 'नई दुनिया' में सोने-चाँदी का अकूत भंडार है। संभवत: इसी लोभ में कुछ लोगों ने उक्त मानचित्र को उस संग्रहालय से चुरा लिया। □

चाय

चाहे ताजगी प्राप्त करनी हो या सिरदर्द को दूर भगाना हो अथवा कड़कड़ाती ठंड से थोड़ी राहत पानी हो या किसी का आतिथ्य-सत्कार करना हो—हर समय चाय का ही सहारा लिया जाता है।

हमारे देश में चाय का प्रचलन भले ही हाल के तीस-पैंतीस वर्षों में अधिक हुआ हो, लेकिन संसार में मनुष्य चाय का उपयोग हजार साल से भी पहले से करता आ रहा है। प्राप्त तथ्यों के अनुसार, चाय का सबसे पहला उपयोग चीन में किया गया था। उस समय वहाँ के सम्राट् थे—शेन नूंग; वे सदा उबला पानी ही पीते थे। हमेशा की तरह एक दिन जब उनका रसोइया लकड़ी की अँगीठी पर पानी उबाल रहा था, तभी उसी (अँगीठीवाली) लकड़ी की टहनी की कुछ पत्तियाँ असावधानी के कारण पानी के बरतन में गिर गईं और साथ ही उबल भी गईं।

जब सम्राट् ने वह पानी पिया तो तुरंत रसोइया को बुलवाया। रसोइया तो डर के मारे काँप रहा था, लेकिन सम्राट् ने उसे सजा देने की बजाय पुरस्कार दिया। दरअसल, उन उबली पत्तियों की खुशबू के कारण वह पानी उन्हें बड़ा ही मनभावन लग रहा था। उसके बाद से तो वे प्रतिदिन उसी तरह उबली हुई पत्तियोंवाला पानी पीने लगे। वे पत्तियाँ चाय की ही थीं।

इस प्रकार वह सम्राट् दुनिया में चाय पीनेवाले प्रथम व्यक्ति हुए; लेकिन दूसरे मायने में देखें तो वह चाय थी ही नहीं; क्योंकि उसमें चाय की उबली पत्तियाँ तो थीं, मगर उसमें न तो दूध था, न ही चीनी थी।

जो भी हो, उस सम्राट् के बाद क्रमशः उनके दरबारी, सैनिक और प्रजाजन भी चाय पीने लगे। इस प्रकार पूरे चीन के लोग चाय पीने के अभ्यस्त हो गए।

चीन से यह चाय एशिया के विभिन्न देशों में आई; लेकिन उनमें (जिनमें हमारा देश भी था) इसका उपयोग फैलाव नहीं ले पाया। उसके लगभग डेढ़ हजार वर्ष बाद सन् 1650 में ईस्ट इंडिया कंपनी के अधिकारियों के माध्यम से चाय इंग्लैंड में पहुँची। वहाँ के लोगों ने इसे तत्काल हाथोहाथ लिया। लंदन की गलियों तक में चाय बनाई और बेची जाने लगी। चूँकि चाय आती थी चीन से और इंग्लैंड में चाय की खपत अधिक थी, इसलिए इंग्लैंड का काफी धन चीन की झोली में जाने लगा। इसी वजह से इंग्लैंड में भरपूर प्रयास किया गया कि वहाँ के लोग चाय पीना छोड़ दें। इस प्रयास के तहत खूब बढ़ा-चढ़ाकर प्रचारित किया गया कि चाय पीने से मनुष्य को काफी स्वास्थ्य हानि उठानी पड़ती है। हेल्स नामक एक पादरी ने तो यहाँ तक कहा कि चाय में डुबोने पर सूअर के बच्चों की पूँछ के बाल झड़ जाते हैं। उसने ऐसा करके भी दिखाया; लेकिन इन समस्त प्रचारों का कोई प्रभाव लोगों पर नहीं पड़ा।

विश्व में चाय का सर्वश्रेष्ठ उत्पादक देश भारत है, मगर यहाँ के लोग तब चाय के स्वाद से भी परिचित नहीं थे। यहाँ के लोगों को न सिर्फ चाय का स्वाद लेने के लिए, बल्कि उसकी लत लगाने के लिए चाय बनाकर बड़े-बड़े ड्रमों में सड़कों पर रखी जाती थी और आते-जाते लोगों को वह गरमागरम चाय मुफ्त पिलाई जाती थी। उसी का फल है कि एक अरब से भी अधिक आबादीवाले इस देश में सत्तर प्रतिशत लोग दिन में दो या उससे अधिक बार चाय अवश्य पीते हैं। □

टेपरिकॉर्डर

उन्नीसवीं सदी के लगभग अंत तक इनसान यही मानता था कि आदमी या जानवर की बोली या कोई भी ध्वनि एक बार जब उत्पन्न की जाती है, सिर्फ उसी समय सुनी जा सकती है, उसके बाद नहीं। लेकिन बाद में इस असंभव बात को टेपरिकॉर्डर द्वारा संभव कर दिया गया।

टेपरिकॉर्डर का आविष्कार कोपेनहेगन के वाल्डेमॉर पोल्सेन ने सन् 1899 में किया। उन्होंने एक उपकरण बनाया, जिसमें दो डिब्बियाँ थीं। उनपर स्टील का फीतानुमा तार लपेटा गया था। उस तार पर चुंबकीय गुणवाले पदार्थ का लेप लगा रहता था। उस उपकरण से जुड़े माइक्रोफोन के सामने बोलने के ठीक पहले उस तार को चला दिया जाता था। तब एक डिब्बी पर लिपटा तार धीरे-धीरे खुलता जाता था और दूसरी डिब्बी पर वह उसी गति से धीरे-धीरे लिपटता जाता था। उसी समय चुंबकत्व के कारण उस तार पर वह (उस समय बोली गई आवाज या निकाली गई कोई भी) ध्वनि चढ़ती जाती थी। इस प्रकार दुनिया के इस पहले टेपरिकॉर्डर, जिसका नाम तब 'टेलीग्राफोन' रखा गया था, का आविष्कार हुआ। वैसे उससे टेप की गई आवाज साफ नहीं सुनी जा रही थी।

सन् 1929 में जर्मनी के एक वैज्ञानिक फ्ल्यूमर ने चुंबकीय टेप का विकास किया। उसके बाद जब पी.वी.सी. (पॉली विनाइल क्लोराइड) का आविष्कार किया

गया तो टेपरिकॉर्डर न सिर्फ काफी उन्नत किस्म के बल्कि बड़े पैमाने पर बनाए जाने लगे। सन् 1935 में जर्मनी में ही टेपरिकॉर्डर का उत्पादन व्यावसायिक स्तर पर किया जाने लगा। तब इसे 'मैग्नेटोफोन' कहा जाता था। उसके बाद तो समय-समय पर उसमें अनेक सुधार होते रहे हैं।

□

ग्रामोफोन

हालाँकि आजकल ग्रामोफोन का प्रचलन और प्रयोग कम होता जा रहा है; परंतु इस अनोखी वस्तु के कदमों के निशान अपने नीचे एक रोचक इतिहास को दबाए बैठे हैं।

तथ्य बताते हैं कि किसी के द्वारा कही हुई बात को बाद में दुबारा-तिबारा-चौबारा—और बार-बार सुनने की इच्छा लोगों को होती थी। इस इच्छा को आज से लगभग एक सा पच्चास साल पहल सुपाराचत वज्ञानक थॉमस अल्वा एडीसन, जिन्होंने बिजली के बल्ब का आविष्कार किया था, ने पूरा किया।

एडीसन ने सन् 1877 में ड्रम पर चढ़ी टिन की पत्ती पर आवाज को सबसे पहले रिकॉर्ड किया था। विश्व में पहली बार रिकॉर्ड किए गए वे शब्द थे—'मेरी हैड ए लिटिल लैब।' इन शब्दों को बोला था स्वयं एडीसन ने ही, यानी दुनिया में पहली बार रिकॉर्ड हुई आवाज स्वयं एडीसन की ही थी। वैसे यह बात इतिहास में दर्ज तो हो गई, लेकिन स्वयं एडीसन इससे बहुत प्रसन्न नहीं हुए, क्योंकि टिन की पत्ती बहुत जल्दी खराब हो गई। एडीसन ने दुबारा उसी तरह आवाज रिकॉर्ड की, मगर कुछ समय बाद वह पत्ती भी खराब हो गई। फलतः आवाज भी खराब आने लगी। एडीसन ने हिम्मत नहीं हारी। काफी दिमागी मशक्कत और मेहनत करके उन्होंने मोमीड्रम बनाए। उसी पर आवाज रिकॉर्ड की जाने लगी। कुछ ही वर्षों में

ड्रम का स्थान 'रिकॉर्ड' ने ले लिया।

एडीसन चाहते थे कि ग्रामोफोन का उपयोग शिक्षा के लिए या टेलीफोन पर आए संदेशों को रिकॉर्ड करने के लिए किया जा सकता है। उनकी इस अभिलाषा का कारण यह था कि वह थोड़ा ऊँचा सुनते थे, इसीलिए उनकी रुचि संगीत में नहीं थी; लेकिन बाद में हुआ उनकी इस इच्छा के ठीक विपरीत।

□

फोटोस्टेट

आज के युग में फोटोस्टेट की उपयोगिता किसी से छिपी नहीं है। शहरों और कस्बों की कौन कहे, गाँवों के अनपढ़ लोगों को भी आएदिन अपने कागजात की फोटोस्टेट करवानी पड़ जाती है। उल्लेखनीय है कि दैनिक उपयोग की विभिन्न वस्तुओं में से फोटोस्टेट की मशीन ही वह वस्तु है, जिसका आविष्कार सबसे हाल में—आज से मात्र पैंसठ वर्ष पहले हुआ।

बात सन् 1938 की है। न्यूयॉर्क का एक युवा वकील चेस्टर एफ. कार्लसन अर्थाभाव से काफी परेशान रहता था। इस परेशानी से वह आखिर कैसे छुटकारा पाए—इस मुद्दे पर वह अकसर ही सोचता रहता था। आखिरकार, एक दिन उसके दिमाग में यह बात आई कि क्यों न किसी चीज का आविष्कार किया जाए! ऐसा करके ही अपने अर्थाभाव को दूर किया जा सकता है। काफी मगजपच्ची करने के बाद उसने यह तय किया कि दस्तावेजों की सत्य प्रतिलिपि (फोटोग्राफ जैसा) तैयार करने की मशीन बनाई जाए।

यह काम आसान नहीं था। फिर भी इसे करना तो था ही। लिहाजा उसने न्यूयॉर्क में ही एक ब्यूटी पार्लर के पीछे बने एक कमरे को किराए पर लिया और एक युवक के साथ काम करना शुरू कर दिया।

उसी वर्ष (सन् 1938 में) 22 अक्तूबर को कार्लसन ने शीशे की एक प्लेट

पर उस दिन की तिथि, माह और वर्ष के साथ जगह का नाम '10-22-38 एस्टोरिया' लिखा तथा शीशे के नीचे धातु की एक प्लेट, जिसपर गंधक का लेप लगा हुआ था, रखकर उसपर बल्ब की तेज रोशनी बिखेरी। फिर प्लेट को अलग करके उसपर काले रंग का सूखा पाउडर बिखेरा। फिर प्लेट के नीचे सादा कागज रखकर उसे हाथ से दबाया। जब उसने कागज को हटाकर देखा तो उसकी खुशी की सीमा नहीं रही। दरअसल, वह लिखी हुई सामग्री उक्त कागज पर ज्यों-की-त्यों अंकित हो गई। वह दुनिया की प्रथम फोटोस्टेट कॉपी थी। उसे तैयार करने में बस कुछेक मिनट ही लगे।

कार्लसन यह सोचकर खुश हुआ कि अब उसके अर्थाभाव के दिन समाप्त हो जाएँगे। अपने इस आविष्कार को लेकर वह कई कंपनियों के अधिकारियों या मालिकों से मिला, लेकिन किसी ने उसके सामने घास नहीं डाली। उसने (कार्लसन) अपना प्रयास जारी रखा, मगर वही स्थिति बनी रही। आठ वर्ष ऐसे ही व्यतीत हो गए।

आखिरकार, सन् 1946 में रोचेस्टर (न्यूयॉर्क) की हैलॉयड कंपनी के अधिकारियों को इस आविष्कार के आधार पर फोटोस्टेट मशीन बनाने के कारोबार में थोड़े लाभ की संभावना दिखी। उसने मशीनें बनानी शुरू कर दीं। बाजार में उसके आते ही लोग उसे हाथोहाथ खरीदने लगे। सन् 1948 में स्वयं कार्लसन ने 'जेरॉक्स कॉरपोरेशन' नामक एक कंपनी बनाई और कारखाना स्थापित किया, जिसमें सन् 1950 में उत्पादन प्रारंभ हो गया। उस कंपनी ने बाद में मशीन में कई सुधार किए। फलतः मशीन उत्तरोत्तर उन्नत किस्म की होती गई। कुछ वर्षों में ही उसकी लोकप्रियता का आलम यह हो गया कि किसी भी फोटोस्टेट मशीन, चाहे किसी अन्य कंपनी की ही क्यों न हो, के द्वारा फोटोस्टेट करने को 'जेरॉक्स करना' ही कहा जाने लगा। दूसरे शब्दों में—यह कंपनी फोटोस्टेट का पर्याय बन गई।

हमारे देश में नौवें दशक के प्रारंभ तक फोटोस्टेट की आधुनिक मशीनें, जो पहलेवाली मशीन के आकार की तुलना में आठवें भाग के बराबर थीं, बाजार में आ गईं। इनकी फोटोस्टेट प्रतियाँ भी एकदम साफ—लगभग मूल जैसी ही—होने लगीं। इतना ही नहीं, इन मशीनों द्वारा मूल प्रति से छोटा या बड़ा करके (प्रतिशत के अनुपात में) भी फोटोस्टेट छोटा या बड़ा किया जाने लगा।

□

रंग

कल्पना करें कि अगर रंग नहीं होता तो हम मनुष्यों का जीवन कितना बदरंग होता। वैसे प्राकृतिक चीजों का तो अपना रंग होता है, मगर जिन कृत्रिम चीजों का रंग नहीं होता, उनमें आवश्यकतानुसार रंग डाला जाता है और उन्हें रंगीन बनाया जाता है। इन रंगों के बनने का इतिहास अधिक नहीं, सिर्फ एक सौ सैंतालीस वर्ष पुराना है।

बात सन् 1856 की है। लंदन के 'रॉयल कॉलेज ऑफ केमिस्ट्री' में अन्य छात्रों के अतिरिक्त विलियम हेनरी परकिंस नामक एक मेधावी छात्र भी रसायन विज्ञान की पढ़ाई कर रहा था। शोध और अन्वेषण के कार्यों से उसे विशेष लगाव था। पिछले कई माह से वह मलेरिया की रामबाण दवा को बनाने की अथक कोशिश कर रहा था। उस दरमियान वह प्रयोग-दर-प्रयोग कर रहा था। ऐसे ही एक प्रयोग के दौरान उसने देखा कि उसकी मेज पर एक गाढ़ा काला पदार्थ जम गया है। शायद कुछ खास रसायनों की निश्चित मात्रा मिल जाने के परिणामस्वरूप वह बन गया था।

परकिंस को जिज्ञासा हुई कि आखिर यह है क्या? जाने-अनजाने आखिर यह कौन सी चीज बन गई? उसने उक्त गाढ़े पदार्थ को अल्कोहल में डाल दिया। तत्काल ही अल्कोहल का रंग बदलकर चमकदार बैगनी हो गया। उस अल्कोहल में

उसने रेशम का एक टुकड़ा डाल दिया—यह देखने के लिए कि इसपर उक्त पदार्थ की क्या प्रतिक्रिया होती है। उसने देखा कि रेशम का वह टुकड़ा भी बैगनी हो गया। उस रेशम को उसने काफी धोया, मगर उसका बैगनी रंग बना ही रहा। परकिंस को एक बात सूझी। उसने उक्त टुकड़े को इंग्लैंड की प्रसिद्ध रंगसाज कंपनी के पास भेजा—इस अनुरोध के साथ कि इस पर वह अपना मंतव्य भेजे। कंपनी के विशेषज्ञों ने काफी देखने-परखने के बाद अपना मंतव्य उसके पास भेजा—'यदि महिलाओं को यह रंग पसंद आया और उनकी माँग पूरी हुई तो आपको भरपूर नाम तथा दाम मिलेगा।'

यह जानकर परकिंस को बहुत खुशी हुई। उसने उक्त रंग को एक नाम दिया—'मॉव'। उस रंग का प्रदर्शन उसने कई स्थानों पर किया। महारानी विक्टोरिया ने जब इसे देखा तो काफी प्रभावित हुईं। उन्हें यह पदार्थ (रंग) इतना अधिक पसंद आया कि अपने कई कपड़े उन्होंने उसी रंग में रँगवा लिये। सन् 1862 में हुए एक विशेष समारोह के उद्घाटन के अवसर पर पहनने के लिए उन्होंने विशेष तौर पर इसी 'मॉव' के रंगवाली पोशाक बनवाई। इसके बाद तो मॉव (कृत्रिम रंग) को काफी प्रसिद्धि और चर्चा मिली।

हालाँकि उसके पहले भी दुनिया में रंग था, मगर वह प्राकृतिक था, अर्थात् कुछ रंग फूलों और पौधों से बनते थे तो कुछ रंग विभिन्न प्राणियों (घोंघे आदि) से निकाले जाते थे। इसी कारण वे रंग काफी महँगे होते थे। नीले रंग के लिए 'नील' की खेती की जाती थी। परकिंस द्वारा जाने-अनजाने में बन गए रंग के व्यापक प्रयोग के बाद तो वे कृत्रिम रंग काफी पीछे रह गए। बाद के दशकों में इन कृत्रिम रंगों का काफी विकास हुआ।

□

साधारण आविष्कारों के रोचक किस्से

आज जो चीजें हमें अत्यंत साधारण लगती हैं और दैनिक जीवन में जिनका इस्तेमाल हम प्रतिदिन करते हैं, उनके आविष्कार के प्रसंग भी कम रोचक व प्रेरक नहीं हैं। कुछ आविष्कारकों को उनके आविष्कारों के लिए अनेकानेक सम्मान, खिताब और धन प्राप्त हुआ तो कई ने बड़ी-बड़ी मुसीबतें झेलीं और नजरबंदी से लेकर मृत्यु तक के कष्ट भोगे।

आज बच्चे-बच्चे को गुरुत्वाकर्षण और पृथ्वी के गोल होने की जानकारी है, पर इनके आविष्कारकों क्रमशः न्यूटन और गैलीलियो को अनेक परेशानियों का सामना करना पड़ा। न्यूटन को अपनी तमाम खोजों को दुनिया के सामने रखने का मौका नहीं मिला, जबकि गैलीलियो ने तो नजरबंदी तक का सामना किया।

आज हवाई यात्रा मामूली सी चीज बन गई है। किसी जमाने में यह एक सपना था, जिसे साकार करने में लोग जुटे थे। सन् 875 में एक अरबवासी अबुल कासिम, जो एक संगीत-प्रेमी और अच्छा आविष्कारक था, ने एक हैरतअंगेज आविष्कार करने का प्रयास किया। उसने अपने शरीर पर गिद्ध के पंख चिपकाए और एक ऊँची मीनार से कूद गया। उसने थोड़ा-बहुत उड़ने का प्रयास किया, पर चंद पलों में वह जमीन पर आ गिरा और अपनी जान गँवा बैठा।

इसके एक हजार साल बाद इंग्लैंड के एक पादरी ने उड़ने का प्रयास किया और वह भी अपनी टाँगें गँवा बैठा। अब तक कई लोगों ने पक्षियों की तरह उड़ने का प्रयास किया था। इसके बाद लोगों ने गुब्बारे के सहारे उड़ने का प्रयास किया, पर वे इससे संतुष्ट नहीं थे। ऑटो लिलिंथाल ने ग्लाइडर तैयार किया और इसके

जरिए 750 फीट लंबी उड़ान भरी। अंततः एक दिन अपने ही ग्लाइडर के गिर जाने के कारण लिलिंथाल की असमय मृत्यु हो गई।

कुछ लोग एक लक्ष्य लेकर आविष्कार की प्रक्रिया आरंभ करते हैं, पर वे कुछ और ही आविष्कार कर डालते हैं। जर्मन वैज्ञानिक रोएंटजेन बिजली के गुणों का अध्ययन कर रहे थे, पर उनसे एक्स-रे का आविष्कार अनायास ही हो गया।

इसी प्रकार जब बिलियर्ड की गेदों के लिए हाथीदाँत मिलना कठिन हो गया तो अनेक लोगों ने नई सामग्री से गेंद बनाने का प्रयास किया। अमेरिकी वैज्ञानिक बंधु इसियास व जॉन हयात ने भी इस दिशा में किस्मत आजमाने का फैसला किया। उनसे गेंद तो न बन सकी, पर उन्होंने सेल्यूलायड बनाने में सफलता हासिल कर ली। सेल्यूलायड ने फिल्मी दुनिया में क्रांति ला दी।

गुणकारी व लोकप्रिय ओषधि पेनिसिलीन भी दुर्घटनावश ही तैयार हो गई। एक दिन डॉ. अलेक्जेंडर फ्लेमिंग हर रोज की तरह अपनी प्रयोगशाला में प्रयोग कर रहे थे। अचानक उन्होंने देखा कि जहाँ-जहाँ पर फफूँद लगा है, वहाँ जीवाणु मर गए। उन्होंने उन फफूँदियों (पेनसिलियम) के स्राव से इंजेक्शन तैयार किया, जिसका असाधारण प्रभाव मरीजों पर पड़ा। इस दवा का नाम 'पेनिसिलीन' रखा गया।

खतरनाक, पर उपयोगी वस्तु डायनामाइट की आविष्कार-गाथा भी दिल दहलानेवाली है। अल्फ्रेड नोबल ने नाइट्रो ग्लिसरीन की खोज तो कर ली थी और यह जान चुके थे कि यह भयंकर रूप से विस्फोटक है, पर इस प्रक्रिया में हुए एक विस्फोट ने उनके भाई की जान ले ली थी। इसपर नियंत्रण करने का तरीका भी वे नहीं ढूँढ़ पाए थे। निराश अल्फ्रेड नोबल सोच रहे थे कि इस काम को छोड़ दिया जाए। तभी एक दिन नाइट्रो ग्लिसरीन की एक बोतल टूटकर नीचे गिर गई, पर नीचे लकड़ी का बुरादा पड़ा था। सभी यह देखकर आश्चर्यचकित थे कि विस्फोट क्यों नहीं हुआ। शायद लकड़ी का बुरादा, मिट्टी आदि के कारण। बाद में लकड़ी का बुरादा-मिश्रित नाइट्रो ग्लिसरीन का परीक्षण किया गया तो पाया गया कि वह भी विस्फोटक है, पर कम। साथ ही उसपर नियंत्रण पाना भी आसान था। इस प्रकार डायनामाइट तैयार हुआ।

आविष्कार की प्रक्रिया अत्यंत श्रमसाध्य होती है। आविष्कारक को कई बार रात-दिन एक करना पड़ता है। वेलक्रो के आविष्कारक को आठ साल लगे थे इसको तैयार करने में। कई बार सुधार करके संतोषजनक परिणाम पाने में भी सालों लग जाते हैं। चार्ल्स गुडईयर ने रबर के जूते, बरसाती आदि तो

जल्दी ही बना दिए, पर उनमें अनेक समस्याएँ थीं। वे गरमियों में चिपक जाते थे और सर्दियों में चटख जाते थे, पर चार्ल्स गुडईयर ने हिम्मत नहीं हारी। उसने ऐसे जूते बनाने की ठान ली, जो पूरे साल चल सकें। शीघ्र ही पता चल गया कि समस्या रबर में नहीं वरन् तारपीन में है, जो रबर को मुलायम बनाने में इस्तेमाल किया जाता है।

अब चार्ल्स ने रबर को मुलायम बनाने के लिए नई-नई चीजों, जैसे स्याही तथा दूसरे रसायनों को मिलाना प्रारंभ किया। और भी कई प्रकार के प्रयोग किए। चार्ल्स गुडईयर दिन-ब-दिन गरीब होता गया। विफल प्रयोगों के कारण कर्ज बढ़ता गया और कर्ज देनेवालों ने उसे जेल भिजवा दिया। उसने जेल में भी अपने प्रयोग जारी रखे।

एक दिन उसने रबर में थोड़ा नाइट्रिक एसिड मिलाया। तब ऐसा लगा कि उसकी समस्या हल हो गई। उसने तत्काल उसे पेटेंट कराया और रबर का मेल बैग बनाना प्रारंभ किया, जिसका ऑर्डर उसे अमेरिकी सरकार से मिला था।

दुर्भाग्यवश वे मेल बैग भी चिपचिपाती स्थिति में वापस आ गए। गुडईयर ने अब भी हार नहीं मानी और प्रयोगों में जुट गया। एक दिन उसने रबर में सल्फर व सफेद लेड मिलाया और स्टोव पर गरम किया।

अगले दिन उसने देखा कि रबर बिलकुल चमड़े जैसा हो गया है। सन् 1844 में उसने अपनी इस प्रक्रिया वल्कनाइजेशन को पेटेंट कराया। रोमवासी अग्नि देवता को 'वल्कन' के नाम से पुकारते हैं।

अकसर देखा गया है कि आविष्कार करना एक प्रक्रिया है और उसका व्यवसायीकरण एक अलग ही प्रक्रिया है। पहले ऐसा होता था कि एक आदमी लंबे कष्ट के बाद आविष्कार करता था, पर उसका लाभ दूसरे लोग उठा लेते थे और मूल आविष्कारक गरीब ही रह जाता था।

आविष्कारक को संरक्षण देने और उसके परिश्रम का लाभ उसे दिलाने के लिए पेटेंट का नियम बनाया गया। सदियों पूर्व बनाए इस नियम के तहत सरकार हर आविष्कारक को पेटेंट अधिकार प्रदान करती है, जो आम तौर पर सत्रह वर्ष के लिए होता है। इस बीच वह या तो स्वयं ही अपने आविष्कार का व्यवसायीकरण कर सकता है और उत्पाद तैयार करके बेच सकता है या किसी के हाथों निर्माण-अधिकार बेच सकता है।

यदि कोई और उसके अधिकार का हनन करता है और आविष्कार के अनुसार चीजें बनाने लगता है तो आविष्कर्ता उसे अदालत में ले जा सकता है।

पहला पेटेंट सन् 1421 में इटली के फ्लोरेंस शहर में दिया गया था। उसके बाद हजारों-लाखों लोगों ने विभिन्न आविष्कारों के पेटेंट हासिल किए। पेटेंट से संबंधित कहानियाँ भी विचित्र हैं।

आज एलेक्जेंडर ग्राहम बेल को लोग टेलीफोन के आविष्कारक के रूप में जानते हैं। मजे की बात यह है कि ग्राहम बेल ने 14 फरवरी, 1876 को पेटेंट के लिए आवेदन किया था। उनके आवेदन दाखिल करने के मात्र दो घंटे बाद एलिश ग्रे पेटेंट दाखिल करने आए। उन्होंने भी स्वतंत्र रूप से टेलीफोन का आविष्कार किया था, पर वे देर कर चुके थे। आज इतिहास उन्हें भूल चुका है। ग्राहम बेल को ही टेलीफोन का आविष्कारक माना जाता है।

थॉमस अल्वा एडिसन और जोसेफ स्वान ने अलग-अलग और स्वतंत्र रूप से बिजली के बल्ब का आविष्कार किया था, पर उन्होंने बजाय आपस में लड़ने के मिलकर बिजली का बल्ब बनाना प्रारंभ किया। दोनों ने ही इसका खूब लाभ उठाया।

पहले आविष्कारक अकेले ही आविष्कार में जुटे रहते थे। बाद में मिलकर आविष्कार करने की परंपरा प्रारंभ हो गई। ल्योपोल्ड गोडोवस्की तथा ल्योल्पोड मेंस ने पंद्रह वर्ष एक साथ काम करके सन् 1935 में रंगीन फिल्म तैयार की। मजे की बात यह थी कि वे दोनों एक-दूसरे को हाई स्कूल के दिनों से जानते थे और दोनों ही संगीतज्ञ पिताओं के पुत्र थे। पहले वे भी संगीतज्ञ ही बनना चाहते थे, पर बाद में उन्हें फोटोग्राफी का भी शौक लग गया।

उन्होंने रंगीन दुनिया की रंगीन तसवीरें तैयार करने की ठानी। पहले उन्होंने तीन रंगों—पीले, लाल व नीले की परतों की सहायता से तसवीर तैयार की, पर यह तसवीर धुँधली साबित हुई। अब उन्होंने फैसला किया कि वे हर रंग के अलग रसायन लगाएँगे।

उन्हें काफी परिश्रम करना पड़ा। उनके इस परिश्रम से कोडक कैमरा कंपनी प्रभावित हुई। कंपनी उन्हें प्रयोगों के लिए प्रयोगशाला, वेतन व अन्य सुविधाएँ देने लगी। ये मस्तमौला आविष्कारक प्रयोगों के बीच में भी गाने की महफिल जमा लेते थे। कंपनीवाले उनसे परेशान रहते थे; पर इससे पहले कि वे नौकरी से निकाले जाते, उन्होंने सन् 1935 में पहली रंगीन फिल्म तैयार कर ही ली।

आविष्कारकों को आम तौर पर खासी प्रसिद्धि हासिल हो जाती है। अनेक लोगों ने दूसरे क्षेत्रों में प्रसिद्धि पाई और आविष्कार भी किए। साहित्य के लिए प्रसिद्ध मार्क ट्वेन, राजनीति के लिए प्रसिद्ध अब्राहम लिंकन ने भी आविष्कार

किए। लिंकन ने एयर टैंक तैयार किए, जो नावों की सहायता करते थे। परंतु उन्हें आविष्कारक के रूप में प्रसिद्धि नहीं मिल पाई।

कुछ लगनशील आविष्कारकों ने समय से काफी पहले आविष्कार कर लिये, मगर लोग काफी दिनों बाद ही उस आविष्कार का इस्तेमाल कर पाए। ऐसे लोगों को उनके जीवनकाल में प्रसिद्धि नहीं मिल पाई।

कई छोटी-छोटी चीजों का आविष्कार करने में आविष्कारकों को लंबा समय लग गया। बोतल को सील करनेवाली कैप का आविष्कार सन् 1880 में हुआ था। इससे पहले सील करने के लिए ग्लास स्टॉपर लगाया जाता था। उसे बोतल की गरदन पर तारों से बाँधा जाता था। उसे खोलने में दोनों हाथों का इस्तेमाल करना पड़ता था तथा यह काफी महँगा भी होता था।

इस साधारण से बोतल कैप का आविष्कार करने में विलियम पेंटर जैसे अनुभवी आविष्कारक, जिसने अनेक आविष्कार किए, को ग्यारह वर्ष लग गए। आज करोड़ों-अरबों ऐसी सीलबंद बोतलें इस्तेमाल में लाई जाती हैं। इस सीलबंद बोतल के आविष्कार के साथ ही शीतल पेय की लोकप्रियता भी बढ़ती चली गई।

आज लोग रंग-बिरंगे कपड़े पहनते हैं। सन् 1856 के पहले यह उपलब्ध नहीं था। तब कपड़ों पर रंग डालने के लिए विभिन्न बेरियों को कपड़ों के साथ उबाला जाता था, ताकि उनका रंग कपड़ों पर चढ़ सके। पेड़-पौधों से प्राप्त प्राकृतिक रंग महँगा होता था और हरा, नारंगी, पीला आदि रंगों का उत्पादन कम होता था तथा सिर्फ अमीर लोग ही रंगीन कपड़े पहन पाते थे।

अठारह वर्षीय विलियम परकिंस एक वैज्ञानिक के यहाँ सहायक के रूप में कार्य करता था। वह वैज्ञानिक रसायनों से मलेरिया की दवा 'कुनैन' तैयार करने के लिए तरह-तरह के प्रयोग कर रहा था।

सन् 1856 में प्रयोग के बाद लाल-भूरी सी लुगदी बची। परकिंस ने जाँच करके पाया कि यह कुनैन नहीं है। वह थोड़ा निराश हुआ, पर उसने फिर प्रयोग किया और उसमें नए रसायन मिलाए। इस बार प्रयोग के बाद काली लुगदी निकली। कोई और होता तो इसे भी फेंक देता; मगर परकिंस ने इसे पानी में मिलाकर इसकी जाँच की तो पाया कि यह तो अच्छा रंग है। इस तरह परकिंस ने अनेक रासायनिक रंग तैयार कर लिये। जल्दी ही लोग रासायनिक रंगोंवाले कपड़े पहनने लगे। महारानी विक्टोरिया ने भी रंगीन कपड़े पहने।

इसी तरह मारग्रेट नाइट नामक लड़की की रुचि बचपन से ही आविष्कारों में

थी। जब वह मात्र बारह वर्ष की थी तब उसने देखा कि एक बुनकर की बुनाई मशीन का गुटका उछलकर उस बुनकर को लगा और वह घायल हो गया। उस लड़की ने इसमें ऐसा सुधार कर डाला कि बुनते समय गुटका बाहर निकलना बंद हो गया।

अपने लंबे और आविष्काररत जीवन में मारग्रेट ने 30 टूल व मशीनें तैयार कीं। उसने पेपरबैग भी बनाए। पेपरबैग बनाने के लिए मशीन भी उसने बनाई। पेपरबैग से खरीदारी करना लोगों के लिए आसान हो गया। पेंटर, परकिंस, मारग्रेट आदि के आविष्कार महत्त्वपूर्ण थे, पर उन्हें उतनी प्रसिद्धि नहीं मिल सकी।